别在该吃苦的年纪，选择安逸

墨　陌◎编著

中国出版集团　研究出版社

图书在版编目（CIP）数据

别在该吃苦的年纪，选择安逸 / 墨陌编著. -- 北京：研究出版社，2017.9

ISBN 978-7-5199-0214-8

Ⅰ. ①别… Ⅱ. ①墨… Ⅲ. ①成功心理－青年读物 Ⅳ. ① B848.4-49

中国版本图书馆 CIP 数据核字 (2017) 第 238371 号

出 品 人：赵卜慧
责任编辑：寇颖丹

别在该吃苦的年纪，选择安逸
BIEZAI GAICHIKUDE NIANJI, XUANZE ANYI

作　　者：墨　陌　编著
出版发行：研究出版社
地　　址：北京市朝阳区安定门外安华里 504 号 A 座（100011）
电　　话：010-64217619　64217612（发行中心）
网　　址：www.yanjiuchubanshe.com
经　　销：新华书店
印　　刷：三河市天润建兴印务有限公司
版　　次：2017 年 10 月第 1 版　　2019 年 4 月第 2 次印刷
开　　本：710 毫米 ×1000 毫米　1/16
印　　张：15 印张
字　　数：173 千字
书　　号：ISBN 978-7-5199-0214-8
定　　价：39.80 元

目　录

Contents

第一章

过早选择安逸，等于害了自己

第二章

远离负面情绪，让生活回到正轨

第三章

与其安于现状，不如改变自己

第四章

安逸的状态，其实是最危险的

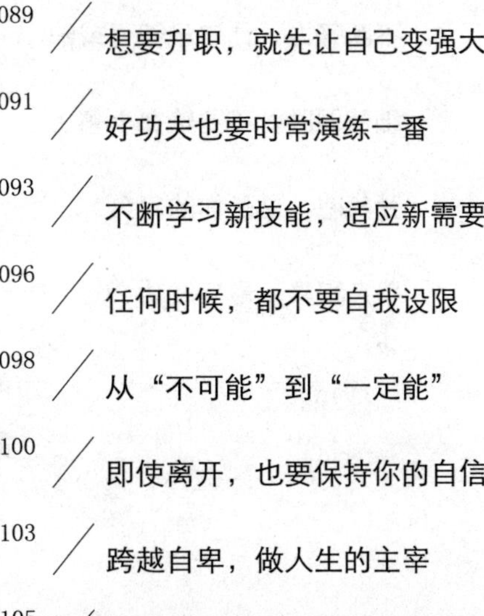

第五章

拒绝拖延，迎接新的挑战

第六章

只要你足够优秀，世界都会因你而改变

第七章

既然告别安逸，就别怕一路风雨

第八章

别害怕压力，激发自身潜能

第九章

修炼内功心法，时刻保持最佳状态

第一章

过早选择安逸，等于害了自己

在竞争激烈的人生擂台上，寒号鸟的故事每天都在上演。很多人过早地选择了安逸，找一份看似轻松稳定的工作，便放心大胆地享受着悠闲自在的生活。本以为人生苦短，不过是随遇而安。然而一旦寒冬来临，最先受苦的，往往是他们。

“钱多离家近”未必是好事

舒适的生活是使人萎靡的毒药。一个人要成就事业，不仅要在逆境中坚持奋斗，还要在安逸中保持清醒。明白了这个道理，你就应该有意识地逃离生活的舒适区，时刻保持积极进取的精神状态。否则，你很容易被周围的环境所同化，使你丧失斗志，失去进取心，从而变得浑浑噩噩、一事无成。

人们在通往成功的路上奋斗时，常常害怕逆境，认为逆境是阻碍人们达成目标的最大障碍，因而渴望一帆风顺的际遇，但却很少意识到一帆风顺更容易使人栽跟头。它往往让人们在不知不觉中做了安逸的俘虏，腐蚀一个人的斗志，麻痹一个人的神经，瘫痪一个人的自觉、自省能力。因为我们每个人都有好逸恶劳的劣根性，这是人性当中共有的一个特征。

很多年轻人找工作，也总把“钱多事少离家近”的工作当作首选。却不知安逸的环境很容易使人成为环境中的一个寄生生物，被环境“招降”，最后与环境合二为一，成为环境的一部分。一个安逸舒适的环境，会造就一批懒懒散散的人。这样的人和温室中的花花草草一样，毫无生命力。

有一部电影叫做《刺激一九九五》，说的是一位在牢房里待了大半辈子的老人拒绝出狱，甘愿在狱中做图书馆管理员。因为半个世纪的牢笼生活彻底改变了他，他早就和这座监狱结合在了一起，成了环境的一部分。他熟悉监狱中的生活规则，和监狱的牢友相处融洽，对环境适应得很好。当他不得不出狱的时候，他得到的不是自由而是恐惧——他害怕面对新的环境，无法适应监狱外的一切。最后竟然以自杀结束了自己的生命。

生于忧患，死于安乐，每个人又何尝不是如此呢？我们要想在事业上不断发展，就必须树立这样一种意识：危机迟早都会来的，危机意识是发展的原动力。

职业经理人马国熙的职场经历，向我们传达了这样一条道理：只有不安全的环境，才能促成安全的发展。

作为环球资源的一名职业经理人，马国熙在非常年轻的时候就成功创办了《多伦多商业》杂志社。然而正当杂志社的发展如日中天的时候，马国熙却选择跳槽到《时代周刊》公司。面对许多人的不解，马国熙的解释是：虽然《多伦多商业》发展目前看上去不错，但是随着竞争的日益激烈，它进一步发展的条件还不成熟，再坚持下去总有江郎才尽时候。而跳槽到《时代周刊》则使我能够进一步学习到更多的业界知识，掌握更多的资源，为今后更大的发展打基础。

正是这份高瞻远瞩和对未知世界的好奇与冒险精神，促使马国熙面对尚未开拓的中国市场时能够大胆地尝试，从而取得了日后的成功。

马国熙的成功最根本的原因还是在于他能始终保持着危机意识，也就是他所说的不安全感。正因为有着这样的不安全感，使得他能始终坚持不断壮大自己，面对新的挑战、新的目标能主动出击，开拓新的疆界。

大凡越是成功的人士所承受的压力也越多。所谓“生于安乐，死于忧患”。在顺境中保持着这种不安全感，能最大效率地发挥一个人的潜在价值。相反若在舒适安全的环境中麻痹轻敌也许我们就很难全力打拼，也就难以取得相应的成就。

可怕的慢性毒药

生活中有这样一群人，他们在一生中，列出了无数个宏伟的计划，而且每个计划都那么激动人心，如果真正能够实现，人生必然会为之改变。但遗憾的是，这些人把计划做好之后，执行了一段时间，发现遇到了一些困难，很快便半途而废，重新去准备另外一个计划；或者干脆就不执行，把原计划束之高阁。

于是，年复一年，这些人的大好年华都浪费在无休止的计划当中。

和这些善于制订计划的人交往，人们可能会被他们表面的雄心壮志所迷惑，老板也会认为他们是难得的栋梁之材。而事实上，他们眼高手低，大部分时间都沉浸在自己宏伟的梦想中。长此以往，他们不会做出什么成就，曾经的雄心壮志难免会变成同事们茶余饭后的玩笑。除非他们幡然悔悟、奋起直追，否则，等待他们的往往是慢慢沉沦，或者跳到其他的单位去继续发牢骚，即使这样，同样的悲剧也难免再次上演。

小蓓毕业于某名牌大学外语系，她一心想进入大型的外资企业，最后却不得不到了一家成立不到半年的小公司“栖身”。心高气傲的小蓓根本没把这家小公司放在眼里，她想利用试用期“骑马找马”。

在小蓓看来，这里的一切都不顺眼——不修边幅的老板，不完善的管理制度，土里土气的同事……自己梦想中的工作可完全不是这么回事啊。

就这样，小蓓天天抱怨老板和同事，双眉不展，牢骚不停，而实际的工作却常常是能拖则拖，能躲就躲，因为这些“芝麻绿豆的小事”根本就不在她的思考范围之内，她梦想中的工作应该是一言定千金的那种。啊，梦想为什么那么远呢？

试用期很快过去，老板认真地对她说：“我们认为，你确实是个人才，但既然你对我们小公司这么不满意，我们也没有理由挽留你。对不起，请另谋高就吧！”

被辞退的小蓓这时才清醒过来，当初自己应聘到这家公司也是费了不少力气的，而且，就眼前的就业形势，再找一份像这样的工作也很困难啊！初次工作就以“翻船”而告终，这让小蓓万分失望与后悔。可一切都已晚矣！

有些员工则与小蓓不同，他们也有很美的梦想，但他们不会每天都深陷于幻想中难以自拔。他们会制订好切实可行的计划，从现在的工作开始做起，从一点一滴的小事做起，并毫不松懈地坚持下去。

就这样，他们一步步地默默努力着，终于有一天，他们晋升成为公司的骨干，所有人都不禁会大吃一惊。但仔细回想，这一切其实纯属正常，毕竟天助自助者。梦想对于他们，已经变成了活生生的现实。

大学一毕业，丽莎就飞到了南方，并且顺利地进入一家跨国公司。上班的第一天，她就发誓要让自己成为公司里的不可或缺者之一。

丽莎这样想着，也按这样的想法一步一步去做。她在公司从事的是档案管理工作，资源管理专业出身的她很快就发现了公司在这方面存在的弊端。她开始连夜加班，大量查阅资料，运用所学的理论知识写出一份系统的解决方案，并将公司内部工作运行流程、市场营销方式以及后勤事务的规范，也整理出一套完整的方案，然后一并发到行政经理的电子信箱中。

没过几天，行政经理就请她到公司的餐厅喝咖啡，离开时语重心长地拍了拍她的肩头："公司对勤奋的人，向来是给予足够的空间施展才华的，好好努力。"

丽莎看到自己的心血终于得到认可，工作更加努力。公司想竞标一个大商厦周围的霓虹灯方案，同事们整天翻案例找朋友，忙得焦头烂额。丽莎白天做自己分内的工作，晚上却通宵不眠熬红了眼做方案文书。经过一番辛苦，丽莎终于在竞标前一天把自己的方案交上去。竞标的当天，各种方案一下子被否决掉好几份，公司高层开始紧张，决定试试丽莎的方案。这一试就让丽莎为公司立下了汗马功劳。

第二天，消息就传遍了整个公司，大家都知道了人事资料管理科有个叫丽莎的人不简单。

一个月之后，公司人事大调整，原来的部门经理调去别的部门，新来的行政任命文件上赫然印着丽莎的名字。在同事们艳羡的眼光里，丽莎收拾好自己的东西，迈着稳健的脚步走进了18层那间漂亮得有点离谱的办公室。

想一想你周围的人们，像小蓓或者丽莎这样两种截然不同的人应该都不在少数。也许你会对那些刚开始豪情万丈的人充满由衷的向往，忍不住在心中勾画起自己的蓝图来。

这样做是没有错，每个人都应该有自己的理想，但理想一定要切合实际，更重要的是，你要做好行动的计划和准备，要通过自己的努力实现理想。因此，我们应更加注意那些像蜜蜂般踏实努力工作，并取得了一定成绩的人。毕竟，每个人都是要做一些事情的，只有空想是不行的。如果每天都沉浸在自己的梦想中，以至于耽误了正常的工作，到最后就只能是想做的还做不到，该做的又不去做，老板会继续需要你吗？同事们会视而不见，毫无怨言吗？

千里之行始于足下，只有辛勤耕耘才会有所收获。再宏伟的梦想，也不能只说不做；要想做大事，就要从小事做起。

立刻行动，否则别想成功

成功的秘诀之一就是“立即行动起来”。

无论何时，当“立即行动”这四个字成为你的潜意识时，你就已经具备了成功者的基本素质。有时，立即行动的决定能使你荒诞的梦想成为现实。

法国生理学家、外科医生亚历西斯·卡雷尔，第一个提出要研究血管的缝补，竟被当时的名流讥为“旷古未闻的痴想”“冒天下之大不韪”。但是卡雷尔并没有因此迟疑，而是立刻埋头实践，终于获得成功，创造了前古未有的业绩，获得诺贝尔奖金。

司蒂芬森是美籍挪威探险家，有一次，他带着一支探险小分队在漫无边际的北冰洋上艰难行进。克服了千难万险，他们终于到达了北极，成了世界上第一个在没有粮食、燃料的困境中到达北极的探险队伍。

现在，你要考虑的不是要不要立即行动，而是如何行动，如何克服前进中的困难。以下几种方式可供你参考：

（一）尝试新事物

努力去选择并尝试一些新事物，即使你仍留恋着熟悉的事物。就算是失败了，也要突破狭隘的着眼点，努力为自己打造出一片新天地。

英国有家叫巴金的航空公司，董事长原本是个一无所有的年轻人。他白手起家，短短十几年就建立了年收入240亿元的企业集团，现在个人的资产约有80亿元。

对于这样一个人，多数的人会说："哦，他一定很特殊。"但是，这种想法可是大错特错了。实际上，这个人十分普通，和我们身边的人几乎没什么不同。

这位董事长所率领的巴金集团是以唱片公司或节目制作公司为中心，但是年轻时的他，并没打算将来成为大财团的董事长，他只想当新闻记者。所以他首先报考报社，但不知是幸还是不幸，他竟没有被录用。

在当时，你知道他是怎么想的吗？也许他的胸怀的确和一般人不同。但他和我们不同的也只有一点而已。

报考失败的他，心中并未产生这样想法——"我这个人太没出息、太无用，没人会录用我，这表示我没有才能，我还是去找一份卑微的工作吧！"

与此完全相反，他更扩大他的愿望——"啊，既然不被录用，也无所谓，我就自己创立出版社吧！"于是他说干就干，立即开始自己创业。

（二）下定决心就去做

一旦决定做一件事，就应该马上行动起来。不要费心去为你做的事找借口，当别人问你为什么要这样做时，你不用过多去解释，只需淡淡地说一句："我就是喜欢这样做。"战国时期的大政治家苏秦，就是一个典型。

苏秦年轻的时候，就很有雄心壮志，他一心想学以致用，成就伟业。可惜因为出身贫寒，屡屡不被重用，被人瞧不起。但他并不放心上，决心回家发愤读书。他苦心研究纵横术，经常彻夜不眠，有时实在太困了，就一边骂自己没出息，一边用一把锥子，刺疼自己的大腿，以此驱逐睡意，振作精神，继续读书。

经过一年多的苦熬，他终于学有所成，掌握了各国的地形、政治、军事知识，成为一名出色的政治家。

（三）不要畏惧失败

你不必设想绝对完满的结局，更不要因为害怕失败而裹足不前。要记住，即使是做了一件你喜欢却没有达到预期结果的事，你也已满足了自己的好奇心，并且从中获得了经验和教训，这就够了。

爱迪生做了一万次实验才发明了电灯。有人问他："如果第一万次实验也失败了，你会怎么办？"爱迪生回答："我就不会在这儿与你谈话了，此刻我会把自己锁在实验室中，做第一万零一次实验。"

一个人在成功之前，一定会遭遇到很多挫折，甚至遭遇某种程度的失败。在失败重重打击一个人时，最简单和最合逻辑的方法就是放手不干，大多数人都是这样想的。

但爱迪生不同，他遭遇失败后，不是自怨自艾，而是立即行动起来、投入下一次尝试之中，哪怕失败的次数是一万。这就是他获得巨大成功的秘诀。

平时就要养成立即行动的习惯，只有这样，一旦发生了紧急事件，或者当机会自行到来时，你都能做出最快、强有力的反应。立即行动起来吧，无论成败，都有收获。

机会是自己创造出来的

成功的机遇不会凭空得来，要靠积极的行动去创造。一个无名小卒若想获得成功，就要多一些花心思，多一些努力。但如果他等着别人用银盘子把机会送到他面前，那他只有失望的份。应该牢记，良好的机会要靠自己去创造。

日本狮王牙刷公司的职员加腾信三为了赶去上工，匆匆刷牙，牙龈被刷出血来。他怒气冲冲，在上工路上仍是一肚子的牢骚和不满。

在心头火气平息下去后，他便和几个要好的同事们提及此事，并相约一同设法解决刷牙容易伤及牙龈的问题。

他们想了不少解决牙龈出血的方案，诸如：牙刷毛改为柔软的狸毛；刷牙前先用热水把牙刷泡软；多用些牙膏；慢悠悠地刷牙……效果都不太理想。

他们进一步仔细检查牙刷毛，在放大镜底下，发现刷牙毛的顶端并不是尖的，而是四方形的。加腾信三想，“把它改成圆形的不就行了！”于是他们着手进行改进。

经过实验，取得实效后，他们正式向公司提出了这项改变牙刷毛形状的建议。公司很乐意改进自己的产品，欣然把全部牙刷毛的顶端改为圆形。

改进后的狮王牌牙刷在广告媒介的作用下，销路极好，连续畅销10多年之久，销售量占全国同类产品的30%～40%。加腾信三也由普通伙计晋升为主管，十几年后成为公司的董事长。

在一定意义上可以这样说，没有问题，也就没有机遇。刷牙时会导致牙龈出血的问题也许很多人都遇到过，但却很少人去想如何解决这个问题，所以机遇不属于他们。加腾信三既发现了问题，又设法解决了问题，牙刷不好的问题对他来说，就是一个机遇。

有一位学习声乐的大学生刚刚毕业，被分配到某企业的工会做宣传工作。刚一开始，他很苦恼，认为自己的所学的专业与工作不对口，他害怕在这里长期干下去会把自己的专业荒废了。于是他四处活动，想调到一个适合自己发展的环境中去。可是，几经折腾，终未成功。

之后，他便死心塌地地安守在这个工作岗位上，并发誓要改变“英雄无用武之地”的状况。他找到商铺工会主席，提出了自己要为商铺筹建乐队的计划。正好这个商铺刚从低谷走出来，扭亏为盈，正向高潮发展，也想大张旗鼓地宣传商铺形象，提高产品的知名度，就欣然同意了他的计划。

这回他来了精神，跑基层、录人才、买器具、设舞台、办培训，不出半年，就使乐队初具规模。两年以后，这个商铺乐团的演奏水平已威震江湖，堪与专业乐团媲美，而他自己也成了江湖中知名度较高的乐队管事。

有没有机会，能否得到机会，关键看你是以何种态度、以何种角度对待身边的机会。亚历山大在攻城取得胜利后，有下属问他，是否等待机会来到，再去进攻另一个城市？

亚历山大听了这话，大发雷霆：“你认为机会自己会来找我们？机会是我们自己创造出来的！”

可见，创造机会才是成就亚历山大伟大成就的原因。唯有善于创造机会的人，才能建立轰轰烈烈的伟绩。

钢铁大王安德鲁·卡耐基曾说过：“机会是自己努力造成的，任何人都有机会，只是有些人善于创造机会罢了！”通过自己的努力，他完全改变了自己所处的环境，化劣势为优势，不但开辟出了自己施展才能的用武之地，而且培养了自己的领导才能，为他以后寻求更大的发展奠定了坚实的基础。

但凡成功者，都是善于创造机会的人。他们在有机会时抓住机会，没有机会时就去创造机会。机会是成功的跳板，聪明的人是不等待“好心人”送来机会，而是主动寻找机会，从机会中打捞自己想要的“黄金”。然而，等待机遇并不是一个被动的过程，它需要积极的准备，需要主动出击。如果一个员工不主动用行动去创造机会，那就没有成功的可能。

启动你的执行力

再伟大的目标，再完美的计划，如果不能付诸行动，也只能是一纸空文。以身作则的员工深知：只有行动才能把工作做得更好，只有行动才会产生结果，行动是成功的保证。如果你想成为一名深受老板喜欢的优秀员工，最好的选择便是立刻行动起来。

然而，在职场中，许多员工因为种种原因而犹豫不决。他们心中纵然有着要将工作做好，成为老板器重的员工的欲望，却不敢选择行动，真正动手去做。如此一来，只能令许多时间白白浪费，使许多成功的机会从身边溜走。

小柯是某工业大学机械工程专业的学生，专业知识扎实，脑子十分灵活，常常有一些令人意想不到的好点子冒出来。可惜的是，他很少动手去做，只是把自己的想法说出来而已，因而在同学中间落了个“空想设计师”的绰号。

小柯毕业后，在南方某城市的机械制造厂找到了一份机械设计的工作，因为他总能提出一些奇妙而且听起来十分有效的设想和计划，而深受老板和上司器重。他们总是鼓励小柯动手去做，可小柯依旧只是说说而已，不知道什么原因从未动手去做过。

一来二去，老板和上司对小柯的印象大打折扣，并且在他再次提出一些设想和计划时，不再予以理睬，最后将小柯辞退了。

小柯却不知道自己为什么被辞退，心中充满了抱怨。

从小柯的例子中，我们可以更深刻地明白，只有行动才会产生结果，行动是成功的保证。选择行动才是最重要的，任何伟大的目标，伟大的计划，如果不付诸行动最终必然落空。你如果想成为一名优秀员工，最好的选择便是行动。

想法再好如果不付诸行动也都是纸上谈兵。在职场上，更需要可以产生成果、可以创造成绩的行动。所以，无论做什么工作，首先需要的是能够把心沉下来，然后付诸行动，脚踏实地地去做，做出成绩，为他人做出榜样，成为职场中的精英。做一个以快乐的心情面对工作的人，选择行动，在执行的过程中你将会发现到工作的快乐所在，成功将会张开双臂拥抱你。

成功始于心态，成功要看明确的目标，这都没有错，但这只相当于给你的赛车加满了油，弄清了前进的方向和线路，要抵达目的地，还得把车开动起来，并保持足够的马力。

一屋不扫，何以扫天下

古今中外，大多数成功人士大都是从小事做起的。

“一屋不扫，何以扫天下？”有些事对于你来说，可能不过是举手之劳。但你千万别狂妄地认为你是个“做大事，赚大钱”的人，而不屑去做小事、赚小钱。

须知，若连小事都做不好，如何做大事？而这些所谓的小事，首先就是要留心细微的信息，因为它能给你创造成功的机会。

某市一个大型商店的经理，非常重视市场信息。他在看报纸时，多次看到有关摩托车驾驶者造成交通事故的报道，于是灵机一动，立即组织购进摩托车专用头盔一千顶。过了不到一个月，当地交通部门就宣布无头盔不得驾驶摩托。

如此一来，头盔一下子成了热门货，果然做了一笔好生意。

这位经理的成功之处，就在于能从细微处着手，瞄准机会，变市场机会为自己的机会。事实上，在我们每一天的生活中，接收到的信息有千千万万条，而在这些信息中有价值的少说也有数百条，能够抓住的，至少数十条。每一天都有这么多机会在你的周围像影子一样游荡，难道你真的还没有意识到吗？

所谓的“小事情”，因其小被人们所忽视，然而它往往会造成大问题，常常会给人们带来大烦扰。一些聪明人善于从“小事情”做起，从而使局面得到很大的、有时甚至是完全的改观。

日本的东芝电器公司1952年前后曾一度积压了大量的电扇销不出去。7万多名职工为了打开积压电扇的销路，煞费心思地想了不少办法，结果收效却是甚微。

有一天，一个小职员发现了一个细节，那就是他发现全世界的电扇都是黑色的，于是他向上司提出了改变电扇颜色的建议，建议把电扇颜色由黑色改成浅颜色。

他的这一建议引起了公司上司人的重视。经过研究，公司采纳了这个建议。

第二年夏天，东芝公司推出了一批浅蓝色电扇，浅蓝色电扇一出，立即得到顾客青睐，市场上还掀起了一阵狂购热潮，几个月之内就卖出了几十万台。从此以后，在日本，以及在全世界，电扇就不再是一副统一的“非洲佬”了。

你看，只是改变了颜色这种小事情，就开发出一种面貌一新、大大畅销的新产品，竟使整个公司因此而渡过了难关。这样一件“小事情”，其经济效益和社会效益却是巨大的！

而提出这一设想，既不需要渊博的科学知识，也不需要有丰富的商业经验，需要的只是一颗细微的心。而就是这样细小的事情，东芝公司其他的几万名职工就没人想到；日本以及其他国家的成千上万的电器公司没人想到。这主要是因为，自有电扇以来，它的颜色就是黑色的。

虽然没有人这样规定过，但在漫长的时间里，已经形成了一种认知习惯、一种传统，似乎电扇就只能是黑色的，不是黑色的就不成其为电扇。这种认知习惯，反映在人们的头脑中，便成为一种源远流长、根深蒂固的思维定势，严重地阻碍和束缚了人们在电扇设计和制造上的创新思考。

吉迪恩·鲍威尔博士是美国著名的成功学家，他一直鼓舞那些抱负远大、目标明确、勇于探索的年轻人，被美国总统罗斯福称为“影响和改变了一代又一代人生活命运的人”。鲍威尔博士认为，成功的人必须具备成功的思维方式。下面是他积极推崇的、激发创造性思维的6个步骤：

第一步：从此刻起，在谈到任何事情时，都要充满希望，充满信心——包括对你的工作，你的健康状况，你的前途。培养乐观主义的生活态度，改变这种消极悲观的习惯。

第二步：要有远大的理想。人虽然不能脱离“现实”，但也不能完全被“现实”所困。人更多地应该生活在理想之中，做一个理想主义者，这是一种积极的生活态度。

第三步：就像你每天给身体增加营养一样，你必须不断地给你的精神补充“食粮”——使自己心理健康，源源不断地产生有益于身心的思想。

第四步：不断强化你的理想、信念——不要让那些消极的思想在你的头脑中出现。当然，要摒弃错误的思维方式，需要付出艰辛，也需要一定的时间。

第五步：列出你的朋友的名单——看其中哪一些是有积极的思想态度的，增加和他们的交往，汲取他们的创新思想。

第六步：力避争论——当别人表达出某种消极的生活态度时，要用积极、乐观的思想去影响他。

而这些“一屋不扫，何以扫天下？”有些事对于你来说，可能不过是举手之劳。做好所谓的小事，就要留心细微的信息，因为它能给你创造成功的机会。

只要迈出第一步

很多人之所以能成功，就是因为敢想敢做。敢想可以使一个人的能力发挥到极度，也可逼得一个人献出一切，排除所有障碍；而敢做，却能使人全速前进而无由后退。

敢想与敢做，二者缺一不可。

有句俗话叫作“撑死胆大的，饿死胆小的”。其实，胆小的并不是想不出活下去的办法，相反，他们可能想了很多，却始终不敢行动。于是，只好活活饿死了。

世界上有很多人，常常在想了一件事情以后，却还是没有勇气去做；还有一些人，天天在干着和他兴趣不合的工作，嘴里总是说命运不好，等机会，去干适当的事情。可是他们只是嘴里说，却不去干，如果一个人有了这样的惰性，那和慢性自杀有什么两样呢？

可在现实工作中，有许多企业的员工因为种种原因，而变得犹豫不决，心中纵然有着要将工作做好，成为老板器重的员工的欲望，却不敢选择行动，真正动手去做。如此一来，只能白白浪费许多时间，使许多成功的机会从身边溜走。我们应知道成功的机会不会从天而降，需要自己去争取，需要自己去创造。守株待兔可能一无所获，只有积极的行动，才会获得成百上千只兔子。鲁迅曾经说过：光是想不行，重要的是做。而你现在最需要做的就是行动起来，否则机会即使来到你的身边，如果你只是背着双手，一动不动，那么机会也会从你身边滑过。

不管什么事，只有动手做了，才有可能完成。如果一味坐在那里空想，却不选择行动，即使理想抱负再远大，也只会是水中月、镜中花。

有一位写作爱好者对创作抱有极大野心，期望自己能成为大文豪。美梦成真前，他说：“我满怀雄心地眼看着一天天过去了，一星期、一年也过去了，仍然不敢轻易下笔。”

而另一位创作家说：“我把重点放在如何使我的才智有效地发挥上。即使在没有一点灵感时，也要坐在书桌前奋笔疾书，像机器一样不停地动笔。不管写出的句子如何杂乱无章，只要手在动就好，因为手动能带动心动，会慢慢将文思引导出来。”

从上面的例子中，我们应该明白，行动是成功的保证。选择行动才是最重要的，任何伟大的目标，伟大的计划，如果不付诸行动最终必然落空。

话说得再好也只是美丽的空谈，并不能结出丰硕的果实。因此，我们无论做什么事情，都要能沉下心来，选择行动，脚踏实地地去做。

经验好比是一个雪球，它在人生之路上越滚越大，越滚越厚。任何人都应该把他的精力集中在一项事业上，随时工作，随时学习。你花费的工夫越大，得的经验也越多，而做起事来，也就觉得格外地得心应手。

时间不等人，如果你已经抱定了宗旨，那么就立刻去进行；如果你打定了主意，就不要再犹豫。把你的精力，集中到你所打定主意要做的工作中去。你如果准备做律师，你就一心一意去研究法律，积累你的法律知识，然后或者考取律师资格证书，或者寻找法律实践的机会，当一切都准备好的时候，那么离你去出庭替人当辩护的时间、离你成为一位著名的大律师的时间也就不远了。你在平时要给自己提出高的要求、高的标准，千万不要以为自己不比别人差就满足了。你必须随时研究，处处求进步。你的目的只有一个，那就是成功。

世界上成千成万的失败者，并不是因为他们没有才能，也不是因为他们没有决心，而是由于他们不肯集中精力，由于他们不在拿定主意以后，立刻动手去干。凡事要敢想敢做，一旦决定一件事，就集中精力去完成，只有这样，成功才会热衷于你。很多人之所以会成为失败者，并不是因为他们没有才能，也不是因为他们没有决心；而是由于他们不肯去做第一个吃螃蟹的人。

成功在于先行一步

在我们居住的这个星球上，每天都存在着竞争，最常见的是速度的竞争。比如在草原上，羚羊和猎豹每天都在进行生命的赛跑，谁跑得快谁就赢得生存的权利。羚羊慢了，就会被吃掉，猎豹慢了就会被饿死。而在人类生活中，这种竞争更是屡见不鲜。

当年，贝尔在研制电话时，另一个叫格雷的人也在进行着同样的研究。结果，两人同时取得了突破！但贝尔还是先行了一步，他在专利局赢了——比格雷早了两个钟头。当然，他们两人在当时是不知道对方的，但贝尔就因为这120分钟而一举成名，誉满天下，当然也获得了巨大的财富。

现实就是这么残酷，谁快谁就赢得机会；谁敢吃第一个螃蟹，谁就是英雄。只不过在现实生活中，先行一步不像吃螃蟹那样容易。

古时有个愚公移山的故事，说愚公面山而居，他在90高龄时，决定开山修路，于是谱写了一曲子孙相继、不畏艰难、挖山不止的故事。愚公精神曾鼓舞了中国历代勤劳勇敢的人们。

社会正在以不可预料的速度向前发展。21世纪以“愚公”的速度开山修路无疑已经难以适应时代的发展了。于是，速度和效率成了一个企业重要的核心竞争力。我们要想取得成功，必须提高工作效率，走在他人的前面。

霍英东是香港著名的大富，他的成功之道在于习惯先行一步，敢于做第一个“吃螃蟹”的人。他进入生意场的第一步是在香港鹅颈桥市场开的一家杂货铺。

第二次世界大战结束以后，他就卖掉了杂货铺，改做煤炭驳运生意。不久，他又和别人一起去东沙岛采集一种可以用来制药的海草。当然，他每一次入道或出行，都不是亏本的生意，而是有钱可赚的。

20世纪50年代初期，香港的房地产市场刚刚兴起，霍英东慧眼顿开，迅速行动的习惯使他一下子感觉得发财的机会来了，并立即设立了立信置业公司。同行之中的人都纷纷投来怀疑的目光。

他的第一招就令其他人刮目相看：在香港，房地产都是出售“整栋楼宇”，而霍英东使用的却是房地产工业化的办法，推行住宅与高层商厦结合的方式，并且采用“分层”销售、预定楼房、分期付款等新方法，很快成为香港知名的房地产商人。就在同行纷纷效仿他时，他又先行一步转战了。

霍英东看到大家都在全力修建房屋，于是又从中看到了商机。他把眼光盯在了盖房子需要的沙子上。想到他就开始做，他马上花重金到国外买回来了大型挖沙船。这种大型挖沙船二十分钟就可以挖出二千吨沙子，沙子进船就近卸货，白花花的“银子”就到手了。很多人看到霍英东“发”了，急忙奋起直追……可是，此刻的霍英东已经取得香港海沙供应的专利权了。

在激烈的竞争中，霍英东又心生一计：众所周知，香港的土地寸土寸金，填海造地大有前途。这一招他下了快棋！立即从荷兰、美国等地购买各种设备，放开手脚，开始了香港规模最大的国际工程——海底水库淡水湖第一期工程。这一工程的开始，标志着外国垄断香港产业的格局被打破，霍英东也因此财源滚滚……

成功在于先行一步，永远跟在别人屁股后面，当然难有大的作为。

这个世界瞬息万变，没有超前的意识和过人的胆识，只能被市场的洪流所淹没。大浪淘沙，留下的永远是精品。先行一步，在变化到来之前，当别人还在徘徊之际，你已到达成功的彼岸。这样的生命，才活得精彩。

成功在于先行一步，而失败者的悲哀就是，一步落后，步步落后。在商战中，如果你思维敏捷，眼光独到，并能积极行动，你就能掌握先机，大获全胜。

这是一个“比快”的时代

每个人的成功都取决于某个关键时刻，这个时刻一旦犹豫不决或退缩不前，机遇就会失之交臂，再也不会重新出现。

“快！快！快！为了生命加快步伐！”这句话常常出现在英国亨利八世统治时代的留言条上用以警示人们，旁边往往还附有一幅图画，上面是没有准时把信送到的信差在绞刑架上挣扎。当时还没有邮政事业，信件都是由政府派出的信差发送的，如果在路上延误要被处以绞刑。

在古老的、生活节奏缓慢的马车时代，用一个月的时间历经路途遥远而危险的跋涉才能走完的路程，我们现在只要几个小时就可以穿越。但即使在那样的年代，不必要的耽搁也是犯罪。文明社会的一大进步是对时间的准确测量和利用。我们现在一个小时可以完成的任务是100年前的人们20个小时的工作量。

马萨诸塞州的州长安德鲁在1861年3月3日给林肯的信中写道：“我们接到你们的宣言后，就马上开战，尽我们的所能，全力以赴。我们相信这样做是美国和美国人民的意愿，我们完全废弃了所有的繁文缛节。”

1861年4月15日那天是星期一，他在上午从华盛顿的军队那边收到电报，而第二个星期天上午9点钟他就做了这样的记录：“所有要求从马萨诸塞出动的兵力已经驻扎在华盛顿与门罗要塞附近，或者正在去往保卫首都的路上。”

安德鲁州长说：“我的第一个问题是采取什么行动，如果这个问题得到回答，第二个问题就是下一步该干什么。”

可见，效率和时间是多么重要。在某些情况下，一分一秒就可以决定一场战争的胜负，甚至决定一个国家的命运。其实，人生也是如此，在一些关键时刻，任何的犹豫不决和优柔寡断，都会使你的人生从此黯然无光。机遇一旦错失，也许你就从此与成功无缘。

关于抓紧时间，完成使命，英国社会改革家乔治·罗斯金曾这样说过：“从根本上说，人生的整个青年阶段，是一个人个性成型、沉思默想和希望受到指引的阶段。青年阶段无时无刻不受到命运的摆布——某个时刻一旦过去，指定的工作就永远无法完成，或者说如果没有趁热打铁，某种任务也许永远都无法完工。”

拿破仑非常重视“黄金时间”，他知道，每场战役都有“关键时刻”，把握住这一时刻意味着战争的胜利，稍有犹豫就会导致灾难性的结局。他说，自己之所以能打败奥地利军队是因为奥地利人不懂得五分钟的价值。

然而，在滑铁卢战役中，那个性命攸关的上午，拿破仑自己和格鲁希因为晚了五分钟而惨遭失败。布吕歇尔按时到达，而格鲁希晚了一点。就因为这一小段时间，拿破仑就被流放到了圣赫勒拿岛上，从而使成千上万人的命运发生了改变。

任何时候都可以做的事情，往往永远都不会有时间去做。

与其把今天可以完成的任务千方百计地拖到明天，还不如就在今天把工作做完。而任务拖得越后就越难以完成，做事的态度就越是勉强。在心情愉快或热情高涨时可以完成的工作，推迟几天或几个星期后，就会变成苦不堪言的负担。

比如，在收到信件时没有马上回复，以后再捡起来回信就不那么容易了。许多大公司都有这样的制度：所有信件都必须当天回复。

拥有目标，已经是做事成功的前奏了，但拥有目标而不行动，却只能是成功这首曲子只有前奏而没有后续。所以，有了目标就马上行动吧！每个人的成功故事都取决于某个关键时刻，这个时刻一旦犹豫不决或退缩不前，机遇就会失之交臂，再也难以重新出现。

第二章 远离负面情绪，让生活回到正轨

人的一生如同是在雾中行走，远远望去，只是迷雾一片，辨不出方向。然而细心的人会处处发现生活的奇迹。晚上凝望星辰时，他会感到心情清净的甜蜜；拥抱爱人时，他会感觉到生命的温度；一天结束时，他又会觉得明天又是一个新的开始。

生活的奇迹就发生在生命中的每一天，放下心中的烦恼与牵挂，满怀热情地拥抱今天吧！追寻让自己喜悦的事情，我们的心情就会如朝露般清澈，我们的心态就会如晨光般灿烂。

对生活的热情就存在于主动追求自己幸福的过程中，就存在于我们身边的日常琐事里。

负面情绪会害死你

负面情绪，就像疯长的野草一样，一旦扎根便不断地影响心情、破坏信心、从而影响你的言行举止，甚至是影响到做事的质量，进而对你造成极大的破坏力。但它最糟的是它将在对方心里持续你的坏形象，从而对你造成长期的不良影响。

很多人以涟漪为例，来形容一个人的快乐或愤怒是如何扩散并一层层传递给其他相干的和不相干的人。

但涟漪扩散开、波动后不久就会消失于无形，不会表现出多大的影响。

然而，即使你只是很短暂的情绪发泄，也有可能会在别人心中留下不可磨灭的不良印象。

有位朋友几年前去海外留学时，曾以工读的身份进入学校的电脑服务部当秘书助理。他被指派的第一件事情是清点全校的电脑设备。

接到工作后，拿着一沓清点表，带着一支笔，他马上开始在整个校园奔走。上楼下楼，他万分辛劳地找出每台电脑并认真核对、登记所有电脑设备的出厂序号。

在这期间，他来到了学校程序设计部核查登记。可谁知刚一跨入程序部表明来意，毫不留情的怒骂声就劈头盖脸地朝他砸过来：“谁叫你到这里来？你想做什么？”

“老板要我来这里清点电脑。”他惊慌地回答。看得出朝他大吼的人就是这个部的经理。

“我们这里的东西不需要你们清点！”面对对方经理毫不客气的责骂，他呆愣在原地，不知如何是好，只好任由他说下去。“你们电脑服务部每年都清点，每年都清点的乱七八糟，不但一点儿用也没用，还总是打搅我们。出去！我不需要你清点！”

“好。”他点点头，尴尬地离开。

回去的路上，他脑子里不停地回想着发生的事情。这位经理的话泄露了很多事情——这是分部和分部之间的矛盾斗争，他只是很倒霉不巧撞上被当作了炮灰而已。

在这件事情上，这位经理让自己显得极没风度，竟然在大学校园里对一个毫不知情的工读生发火！

第二年，这位经理被指派担任某学生会的参谋。巧的是，那位工读生朋友正好当上同学会的副会长。学生会上，那位经理一反之前怒骂朋友时凶恶的样子，对学生会的干部都是一副温和的样子。直到见到我朋友，蓄满笑容的脸竟然僵了一下，连耳根子都红了起来。很显然，他发现自己当初对我朋友那恶劣的态度与今天相较，大相径庭。

后来，这位朋友说：“虽然我当时在心里暗笑他，但很快地，我也尝到了控制不住自己的负面情绪的苦果。”

原来他毕业回到台湾工作后，因为工作上与厂商合作得不太愉快，不小心在别人面前顺口抱怨了一下，结果导致合作的厂商对他的印象极差，甚至要求他立即公开道歉，就连他的上司都气愤地要求他道歉。正是这个错误，让他懊恼了好久。

他气极了，却发现在这个节骨眼上，不管自己怎么说都理亏。毕竟大家都只是听命行事的“一等兵”，从一开始他就应该学会控制好自己的情绪。

原本他和合作的人关系还不错，但就因为这几句抱怨的话，破坏了彼此间的友好，再怎么道歉都无法改变彼此的间隙，他只好选择从此说话小心谨慎。

从那以后，公共场合时每句话他都小心再小心，免得不小心又得罪人。

当然，在这个经验中他学到了教训，也看到了负面情绪是如何一来一往地给所有相关的人带来麻烦。后来他对我说了一句他深有体会的话：“负面情绪不但于事无益，反而会让自己在对方心中长久的留下不良印象。”

失败的人生，很容易变成愤青

虽然我们在生活中有时会碰到不好的人，但这并不代表我们周围所有的人都是这样。

不好的经历，是我们生命旅程中的磨砺、也是催促我们成长的动力，并不是完全无法控制的，或只能归结为生命的污点。

有个男孩，在他还没走上社会时，他的家人就告诉他：这个世界上人心是最险恶的，当他走入社会讨生活时，就会明白社会的险恶，人心的贪婪，就会明白没有一个人可以完全相信，因为社会上每个人都会想尽办法算计他、占他的便宜。

他高中毕业后，因为没考上大学开始尝试着找工作。然而，他不是莫名其妙地被人解雇就是觉得自己“不适合”那份工作。仅仅半年的时间里，他从杂志推销、送书、卖冷热饮一直做到抄写，甚至连建筑工人都干过，却没有一样做得来。离职的原因不是他讨厌老板和同事，就是老板和同事讨厌他。

“都是这样的啦！这社会上有病的人多得是。不管你再怎么努力到头来都会遇到坏老板或坏同事，让自己所做的所有努力一文不值。既然这样，早点儿离开这种烂工作总比自己辛辛苦苦半天，到头来却功亏一篑得好。”

就这样，他开始窝在家里，一方面怪自己时运不济、没人能慧眼识英雄；一方面他内心又彷徨无依对外面的世界怕得不得了，总觉得无法证实自己是个有用的人。

这样过了几年后，在一次做兼职时他被同事问起：“你不喜欢你的工作吗？”

他仔细想了想：“还好啊，挺喜欢这工作的。”

“但你看起来不太快乐的样子……”朋友说。

他好奇地反问同事，才发现自己进入新公司后，那防备的样子给人的感觉竟然是自命清高的傲气——遇到难题也不问人，一味埋头苦干。有人想帮他，他把对方当贼来防。同事有困难也未曾见他伸出援助之手。且工作上缺乏热情，总是等上司讲一步才肯走一步。进公司好几个月，对自己的职位总是一副可有可无的态度，似乎随时都准备要离职……

听完同事的话后他平心静气地反省，不得不承认，倘若自己是老板，也会想要解雇这种怪里怪气的员工。他终于明白整天疑神疑鬼胡乱猜疑对自己没有一点好处，他应该培养的是与人合作的能力，积极地寻找生活中的战友，而不是消极地逃避一切。

另外有个女孩儿，好不容易熬到高职毕业。眼见马上就要步入社会、一展所学，她感到非常的兴奋与期待。

一天上课时，老师善意的在课堂上提醒班上的同学：“不要轻易相信工作上的同事，免得被人陷害了都不知道。”当同学们请老师进一步说明应该怎么判定同事是好是坏，自己会不会被陷害时，老师却笑得高深莫测：“到时候你们自然就会知道了……”

课堂上的气氛霎时变得异常凝重，当老师发现自己的话让大家太紧张时，急忙补充了一句“但也不是每家公司都这样”，但此时已经无法抹去已经在大家心里存在的暗影了。

毕业后，她带着恐惧到新公司上班。但因为怕被同事出卖，她从来不敢和同事交流。碰到有同事聚在一起联络感情，她也肯定离得远远的。有人对她好，她怀疑人家别有用心；有人对她不好，她觉得是印证了自己最初的猜测，更加不敢相信同事和同事交流。

她把自己封闭了将近一年，寂寞得快要发疯。有位同事留意到她闷闷不乐，主动上前关心询问，她才终于敞开心扉和同事谈心，没想到这一谈，却谈成了一辈子的朋友。很多年后即便她另谋高就、结婚生子，这位老同事永远都是最先知道她情况的那个人。

从高职毕业到现在已经过了10多年，工作环境也换了很多次。她也碰到过很多刁钻古怪的上司，或是不得不防的同事。但这些年来，她已经慢慢分辨得出什么样的人能当朋友、什么样的人得保持距离。然而对她而言，最重要的是要让自己保持一颗平常心，而不是为了保护自己，将所有人都拒之于千里之外。

生活是我们的朋友，而非敌人。

盲目扩大生活中的不利因素不但不会让我们开心，反而会让我们失去生活的能力，阻碍我们与别人建立情谊，进而将自己带进孤独的城堡里。

坐以待毙不如奋起反击

即使是再伟大的人物，也不敢说自己不曾失败过。正因为有无数的失败，才能得到无数的经验，时常有所警惕。只有经历教训，人才会成长，最后把伟大的信念深植于内心，而完成伟大的业绩。这就是我们常说的："失败乃成功之母。"

因此，不管是失败或陷入困境时，最大的问题是自己是否能勇敢地承担失败的责任。如果不肯承认失败，那就不会有什么进步。

如果因为失败不满社会，抱怨他人，那只会使自己永远处在失败和不幸中。

很多成功人士证明，他们取得巨大成功，因为他们跨越了挫折的经历。失败是一位具有强烈讽刺感的狡诈的魔鬼，当成功差不多就要到来时，他总是不断地阻止成功的出现。

因此，任何一个有成功意识的人，都应该知道，在困难出现的时候，就是成功即将来临的时候。只有正视它，你才能战胜它。

小庄是一名保险推销员，有一次她向一家企业的老总推销保险。她一连拜访了这位老总几次，都遭到了拒绝。

最后，老总干脆毫不客气地说："庄小姐，你这么年轻、漂亮，又有高学历，干点儿什么不好？偏偏要干保险。我就没发现保险有什么好，反正我是不买保险的！”

遇到这样的困难，应该就此放弃吗？小庄思前想后，决定再尝试一次。

她换了一种方法，再次拜访了这位老总。一见面，她就满面笑容地对老总说：“您上次说的话真是太对了，简直说到我的心坎上去了。”

老总有些发蒙：“明明是我不想买保险才拒绝你，怎么说得太对了呢？”

小庄继续说：“您说得很对，我还年轻，长得也不算难看，又有高学历。怎么跑到保险这一行业里来了呢？其实我是朋友介绍到这一行业里来的。做了一段时间，正在矛盾。既然你提到做保险有什么好，那太好了，我想请您帮我总结一下，做保险到底有什么不好？我也好下定决心离开这个行业。”紧接着，她就拿出一个本子来开始记录。

一见她这么恳切，老总就开始讲述保险不好的地方来了，一共说了四条。四条过后，就再也讲不出来了。同时看到这么可爱的女孩站在自己面前，也觉得不应该太过分。于是，便说了一句：“当然，保险也不是一无是处，也有它好的一面……”

小庄等的就是这一句话，立即“打蛇随棍上”，问道：“我知道您是学经济的，关于保险的好处，想必也有高明的见解吧？”

于是，老总又开始总结起保险的好处来了。小庄又擅长引导，老总不知不觉就越谈越开心，总结保险的好处越来越多。

当谈到一定程度时，小庄笑着说：“谢谢您的总结。您看，您现在总结保险的长处有七条，短处有四条。您看，我应不应该选择这个行业呢？”

老总一愣，随即哈哈大笑：“好吧，我本来对保险是有很大抵触的，但经你这么一说，我就下定决心投保了！”于是，小庄终于签下了平生最大一笔保单。

正视困难，就该有正确的认识。你要把困难当成最好的活动体验，困难虽然阻挡我们，但可能是获益一生的珍贵的经验。只要有这样的胸襟，就是能够进步成长的人。

通常，人一遇到困难，便心生畏惧，不知所措。在这时就应发挥超于平常的智慧和努力来克服它，经过了这个阶段，才能成长，也才有向前迈进的机会。

面对困难，就要考虑该如何解决。当然解决困难的方式有很多，但最重要的就是认清事情的真相，冷静地去思考引起困难的真正原因。这时，可能发现自己的个性竟然就是最主要的原因。所以，如果自己有做错、疏忽或思考不够周密的地方，就要坦白地自我反省，加以改正，如此便容易处理困难，也才会把这种体验牢记在心。

在困难面前，没有人是注定要失败的，只要站起来比倒下去多一次，那就是成功。

有些人遭遇失败从此便一蹶不振，有些人虽败犹能鼓足勇气。遭遇了失败，从此放弃，或者沮丧颓废，这样的人是最惨的，而世上很多的就是这一种人。他们遭遇打击，便绝望，不肯再尝试了。其实他们的所谓打击，事实上并不那么严重。

倒下了能再站起来，或者被人打倒而不认输的人，虽败犹荣。人总归是人，有时我们会一路错下去，可是一旦我们振作起来，便不再算作失败。

我们应当记住，许多人在世人眼中是失败者，而最后却成为胜利者。无所谓失败，只要我们肯再试一试。如果我们丧失了再试的勇气，那么就一切都完了！

让优秀成为一种习惯

人是一种习惯性很强的高级动物。有调查表明，人们日常活动的90%源自习惯和惯性。很多时候，我们的性格和行为都是习惯的一种表现形式，是习惯造就了我们的行为，也是习惯造就了我们的生活。好的习惯是一种助益，坏的习惯则是一种可怕的力量，会让我们情不自禁地重复错误的行为，它会成为我们的最大负担，拖累我们直到失败。

行为会变成习惯，而习惯则能养成性格，性格决定命运。所以，一旦性格形成，我们的命运也就在习惯的掌控中了。也许我们会觉得这有点危言耸听，不就是习惯嘛，有什么大不了的。就算身上有坏习惯，把它改掉不就行了嘛！

可千万别低估了习惯的影响力，它可不像我们想象得那么容易对付。若是不信的话，就先看看大象“乐乐”的故事吧。

乐乐是在动物园中长大的，在它很小的时候，它的鼻子就用铁链拴在了木桩上。

有一次，一只猴子向它招手问好，好像还想和它聊聊，于是，它想挣开铁链，到猴山去逛逛顺便也看看猴老弟。结果乐乐用力一挣，却没想到用力过猛，拽得鼻子生疼。“哎哟，疼死我了！”小乐乐疼得直流眼泪，心里默默想道：“看来我这头小象是挣不开这个铁链子的，它太紧了。”

半年的时间过去了，小乐乐的鼻子早好了，疼痛也早忘到九霄云外了。一天，它又突然想到大街上去转转了，就又一次用鼻子拉那条拴在木桩上的铁链子。和上次一样，它还是没能挣开，又把自己的鼻子挣得生疼。“哎哟，我怎么这么快就忘了上次的教训了，我是挣不开这条链子的。”

经过那两次失败后，以后它再也不敢想要去挣开那根链子了。

几年以后，小乐乐长大了，身材魁梧，像个大力士。但是，之前的教训让此时的它再也不会想到要去挣开那条链子了。因为它始终以为自己是不可能摆脱的。其实，此时的它只需要稍稍用力，就可以很容易的把链子挣开了。

后来，小乐乐就在那根木桩旁边带着铁链子寿终正寝了。

故事已经结束了。现在请认真思考一下后回答：小乐乐为什么会认为自己根本挣不开那条链子？我们很容易把它和消极暗示联系起来，认为反复的消极暗示让它自己肯定了它挣不开链子的这一事实。每次当它想要摆脱那条链子时，就会习惯性地暗示自己，不要再试图挣扎了，那只会是徒劳无益。

其实，想想生活中的自己，有时不也和小乐乐一样吗？

一旦我们的思维进入习惯的程序中，所有的事情就都会变得理所当然。自以为能力不行了，所以自己完不成那项任务，放弃了；自以为天赋有限，所以自己解决不了那样的题目，放弃了；自以为难题无法击败，所以自己甘心堕落，放弃了；自以为迷乱太深，所以自己难以走出来，放弃了。

但事实真的是如此吗？不一定。

很多时候，我们的生活都处在习惯的控制之下，甚至我们的很多行为都是习惯化的。想想看，我们大多数的日常行为是不是都只是习惯？我们几点钟起床，怎么洗澡、刷牙、穿衣、读报、吃早点、驾车上班等，这几百种行为是不是都不需要我们的意识特意指挥，就在我们无意识中自然而然做出来了？

事实上，意识经由多次反复重复之后，就会进入我们的潜意识里。而习惯就存在于我们的潜意识中，潜意识是不归意识指挥的自发行为。习惯性思维一旦进入潜意识，它就拥有了无法控制的巨大力量。

对一些人来说，正是习惯的好坏影响着他的成功与失败。这听起来好像有些不可思议，那么，这究竟是怎么一回事呢？

事实上，人的意识可以分为二种：潜意识和显意识。所谓显意识，就是我们在警觉状态下的知觉流动，如思索、推理、计算或设定目标等。而潜意识则是在我们无知无觉的状态下自动自发地流动，如习惯、记忆、情感、信奉、价值观等。一般情况下，潜意识是潜藏着的，它在显意识之下，悄悄等待着。一旦显意识放松警惕，开小差，潜意识就会趁虚而入开始施展作用了。

我们通常很容易忽略潜意识的作用，但人类的很多奥秘都深藏于潜意识之中。经研究发现，在一个人的日常流动中，其中 90% 是通过不断重复某个动作，而将其在潜意识中逐渐转化为程序化的惯性。而在惯性的支配下，我们的行为将无须思索，便能自动运作。

这种自动运作的力量，就是习惯的力量。很多时候，正是各种不同的习惯使人们开始发生变化，而这种潜在的变化则是我们主体本身不易觉察到的。原来，我们自己并不是自己的主人，我们竟然无法完全控制、支配自己。

所以，习惯是一种巨大的力量。不管我们是否愿意，它总会无孔不入，一点点的慢慢融入到我们生活中的方方面面。

习惯对我们的生活造成的影响远远超出了我们自己的想象，如果我们不对它加以控制，它就可以影响我们生活中的方方面面，如与朋友、家人、同事的交往方式、我们自己的性格形成等。

很多习惯都是我们在无意识中养成的，但要想改变一个习惯却不是那么简单的事。因为它是深深融入到我们的潜意识和身体当中的、从不休息、永远悄悄地存在着像自动导航员。所以，要想改变，将会非常的艰难和不易。

除非我们下定决心调整自己的习惯，并时刻保持足够的清醒和警惕，毫不松懈，才能产生一套全新的潜意识运行程序。否则，我们仍旧会毫不迟疑地重复类似的习惯。

学一点太极心法

看过电视剧《倚天屠龙记》的都会记得，其中有这样一个片断：张三丰传授张无忌太极剑，演示完第一遍后张三丰问张无忌："都记住了吗？"张无忌点头表示都记住了。稍过一会，张三丰又问："现在还记得多少？"张无忌回答：已忘记一小半。又过了一会，张三丰再问："现在还记得多少？"回答：已忘记一大半。到最后，当张无忌全都忘了的时候，张三丰满意地点头。我们可能会和电视中其他人一样奇怪，张三丰希望他达到的究竟是怎样的一个境界呢？这和人的习惯又有什么关系呢？

众所周知，太极是一门以柔克刚、借力打力、以静制动、后发制人的功夫。它在我国武术史上的创建和发展绝非偶然，四海之内，有史以来，还没有哪一门功夫能像太极一样有着如此复杂而完善的理论。

它所阐述的正是宇宙从无极而太极，以至万物化生的过程。

太极功夫追求的是一种“千招成无招，无招胜有招”的境界。它从不追求主动进攻，而是以静制动在防守中攻击。其实，以柔克刚也好，无招胜有招也罢，这些无疑都是太极功夫的最大特点，我们都能够理解。但是，张三丰为什么要让张无忌把学来的剑法全部忘记后再与敌交战呢？

在一般人眼中，等到什么都忘了再与敌对决那不是必败无疑吗？张无忌可是张三丰的师孙，难道说他还会害自己的师孙不成？在场众人对此都是百思而不得其不解，都不知道张三丰的葫芦里卖的究竟是什么药。

可谁知，对决刚一开始张无忌就令对手大吃一惊，一把太极剑在他手竟像是拥有了生命一般翩翩起舞，灵动异常，几个回合下来，对手便败下阵来。这种结果，令很多人大为吃惊，很是不能理解。那么，这其中究竟隐藏着什么秘密呢？

其实，真正的武功高手从来不会拘泥于一招一式，也不会局限于各种套路，而是会把武术彻底的融入到自己的身体中，让它自然而然地成为自己身体的一部分。如果过分在意招式，就很有可能使自己被这些固定的招式所束缚。在技击比赛中，假如两个人水平相当，那么过分追求招式的人很可能就会处于劣势。

在单田芳的评书中，我们常会听到一句话：说时迟，那时快。可见，在战斗中速度是很快的，处于格斗中的两个人，没有一方会给对手留下足够多的思考时间，而是快如闪电，以尽可能快的速度给对方一个措手不及，将其打倒。这个时候，如果让显意识来指挥自己的行为，在时间上肯定是来不及的，只能靠自己身体的本能反应速度。

由此可见，在竞技中，显意识显然是行为的拦路虎。但因为熟练而变成自己的本能反应后的抵御反击却成了成功的关键。现在你应该明白张三丰为什么让无忌在把所记住的招式都忘得一干二净之后再与对手比试了吧。

因为，自主的显意识会束缚张无忌的思维，干扰到张无忌的出招。只有排除意识的干扰，行为才会完全交由潜意识来指挥，只有交由潜意识来指挥，才能发挥出太极的最大威力。当然，在这个故事中，作者明显运用了夸张手法，因为在现实生活中，我们很难在短时间内将行为动作沉淀到潜意识当中并形成习惯。

任何一个习惯的养成都不是短时间内能完成的，它必然有一个积累沉淀的过程。习惯属于潜意识，只有当我们对某一种行为进行多次重复后，它才会沉淀到我们的潜意识中，成为我们在不知不觉中就能自然而然做出来的行为习惯。

生活中，我们经常会碰到一些特别会讲大道理的人，无论说起什么来好像都是头头是道，但如果真让他去做却往往什么都做不好。可见说是一回事，做是另外一回事，“说”和“做”之间差着岂止十万八千里，“做”比“说”要难得多的多。

朱熹说：“论先后，知为先；论轻重，行为重。”很多时候，道理是很容易明白的，而且我们自己也能说出许多合情合理的大道理来，但我们就是不能将其运用到自己的实际生活当中去。对此，我们也常常会心生烦恼，但却又觉得无可奈何，甚至渐渐地我们开始不再相信那些什么大道理，也不再想听任何大道理。

正所谓，牛皮不是吹出来的，道理不是说出来的，如果你只是光说不做，到最后终将一事无成。只有结果是最具有说服力的，“做到”

才是永恒的硬道理，所以我们要立刻行动起来，正如荀子所说："道虽迩，不行不至；事虽小，不为不成。"

在生活中，我们要让那些好的行为习惯沉淀到我们的潜意识中，成为我们日常生活习惯不可分割的一部分。习惯决定成败，好习惯将决定大未来。每一个成功人士之所以能够成功，与其良好的日常行为习惯是密不可分的。正是这些良好的习惯帮助他们挖掘出更多的与生俱来的潜能，从而使自己走向成功的彼岸。

光靠智慧是无法决定成功的。研究发现，很多成功人士之所以成功并非是他们拥有比别人更多的智慧、更能说会道、更勤奋，而是因为他们拥有很多常人所不具有的良好的行为习惯。而恰恰是这些良好的日常行为习惯让他们练习有素、技巧熟练、做事有条不紊，同时也让他们有更高的办事效率。进而变得更有教养、更有胆识，成为更有能力的成功人士。

对那些正被各种生活问题困扰在逆境中，痛苦挣扎的人来说，是否也该认真反思一下了？

自己仔细回想、分析一下，那些困扰自己的，是不是正是那些已经成为潜意识的不良习惯？阻碍自己的，是不是正是那些驱而复来的坏毛病？如果是它们，那就从日常小事做起，将坏习惯一点点地改掉，用好习惯将其取而代之。

有一句话说得好，千招成无招，无招胜有招。好的习惯一旦养成，我们离成功也就不远了。

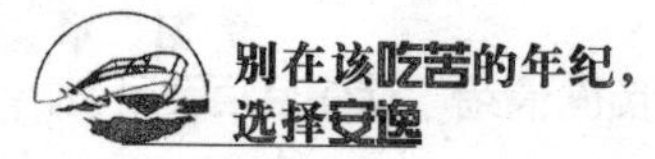

把好习惯坚持下来

好的习惯能助我们成功，而坏的习惯往往会阻碍我们迈往成功的脚步。现在想一想，你是什么样的人，你又希望自己成为什么样的人？在实现梦想的道路上，有哪些坏习惯正在影响着自己，又有哪些有助于成功的好习惯一直在助自己一臂之力？我们应该做的就是把好习惯找到，坚持下来，并替代所有的坏习惯。

好习惯能成事，坏习惯能败事。然而，对于很多成年人来说，他们多年来已经形成了一套自己特有的固定习惯，而这些固定习惯则常把自己局限于某种思维、行为和环境当中，很少有人能跨越那条自己强加给自己的人为界限。

每个人都会存在局限，只是有大有小而已。不管我们的思维、行为局限在哪里，一段时间之后，不断地重复和自我心理暗示都会使我们适应这种局限，并对这种局限视而不见，以为这是一种正常的、无法改变的状态。

幸而，人类是追求完美人生状态的高级动物。在我们内心深处藏着一套自动反思系统，特别是思维受到外界冲击时，自我反思系统就会变得异常活跃。我们会沉静下来仔细思索自己本身存在的问题，如究竟是什么导致了自己与他人的差距？当我们开始思考、反思时，很多平常被忽略的因素，如坏习惯等就会进入意识的观察范围。

通常而言，我们常常能很容易地找到几个阻碍自己前进的坏习惯，以及一些有助于自己成功的好习惯。不过，我们若因此而觉得所有阻碍自己成功的坏习惯都是显而易见的那就大错特错了。实际上，很多时候我们对自己并没有足够的了解，对自己的一些坏习惯也可能认识不足。

就像有的时候我们会把自己想象得很好，以为自己是一个十分了不起的人，如能力强、富有远见、善与人沟通等，但在别人眼中也许会得到截然相反的判定。我们想象中的自己也许并不是真正的自己。

有一位女士，她是一家公司的高级销售经理。在她的认识中，自己应该是一个十分受下属爱戴的经理。但事实却恰恰相反。在下属看来，她的控制欲太强了，常因此而暗中抱怨她，甚至还给她取了个“控制狂”的绰号。

所以，意识到坏习惯的存在，是改掉坏习惯的第一步。

保罗·盖蒂是美国的石油大亨，也曾经是个大烟鬼。在一次度假中，他开车外出，恰逢天降大雨，他就在一个小城的旅馆中停了下来。吃过晚饭，疲劳的他很快就进入了梦乡。

大约清晨两点钟，他从睡梦中醒来，多年养成的习惯使得他此刻很想抽一根烟。于是他打开了灯，伸手去抓桌上的烟盒，不料里面却是空的。然后他下了床，在口袋中搜索了一阵，结果一无所获。接着他又搜索行李，结果他又一次失望了。他知道此刻旅馆的餐厅、酒吧早已关门是买不到烟的，若想吸烟的话就必须到几条街外的火车站去买。

有烟瘾的人都知道，烟瘾上来的时候越是没有烟，想抽的欲望就会越大。无奈之下，盖蒂脱下睡衣，换好了出门的衣服准备去买烟，但就在他伸手去拿雨衣的时候，他突然愣住了。他问自己：我这是在干什么？为了一包烟竟要在三更半夜离开旅馆，冒着大雨走过几条街，难道这一切仅仅是为了能抽到一支烟？这真是一件很荒唐的事情！想到这儿，盖蒂马上下了决定，他把那个空烟盒揉成一团扔进了纸篓，脱下外衣换上睡衣回到了床上，带着一种解脱甚至是胜利的感觉，几分钟就进入了梦乡。从那以后，保罗·盖蒂再也没有抽过香烟。

不可避免地，每个人身上都会存有一些坏习惯，卓越和平庸之间的分界线也就是能否改成这些坏习惯。改变坏习惯的关键，就在于有意识地与潜意识进行沟通交流，然后再对它进行必要的校正，这样一来坏习惯就可以被新的好习惯取代。研究发现，人为地给自己设定一个结果，意识就会对坏习惯产生警惕，从而帮助于你跳出某些已经形成的坏习惯。

改掉坏习惯需要充分利用好目标所具有的积极力量。无数的研究结果都表明，那些坚持为自己设定目标的人，比那些从来不为自己设定目标的人更容易获得成功。所以，有效地设定目标的能力能帮助我们有效地改掉坏习惯，而制订计划则将进一步提高我们改变坏习惯的成功率。

那些成功人士之所以能够成功，绝不是偶然的幸运，他们更多的是依靠持续的、有目性的计划，依靠他们把有助于成功所必须的好习惯坚持下来。

成功说难也难，说简单其实也很简单，对于那些真正的成功者来说，他们不过是养成了一些良好的习惯而已。然而恰恰是这些习惯，不仅影响了他们的行动，也通过他们的行动让他们有机会收获更多的知识，进而变得更有毅力，沟通更有效果、工作更有效率。

闭上眼睛回想一下，自己都有哪些不良习惯，同时再想一下，自己还想拥有哪些好习惯？好习惯很多且不分大小，只要我们把它们培养出来了，就是件非常好的、有益的事情。

我们不妨把自己的不良习惯逐一列出，然后再有的放矢地让好习惯取代清单中的每一项“恶习”。坏习惯改掉了，好习惯养成了，那么成功也就近在咫尺了。

小聪明成不了事

社会上有不少人，总以为靠着一点小聪明，就能轻易把事情做对。其实这是大错特错的，投机取巧也许能得意于一时，但终归难以做到长久。

唯有脚踏实地，才是登上成功阶梯的最好路径。踏实是“以不变应万变”，它能够把大量稍纵即逝的机会变成实实在在的成果。

因此，“踏踏实实做事，老老实实做人”应该成为你的座右铭。

很多人本身才智兼备，可每次，他们都与成功失之交臂。于是，他们觉得老天对自己不公平，怨天尤人。其实，真正的原因是，他们总是期望很多，付出很少，内心里不屑于去做他们心中的“一般的小事”，认为他们被大材小用。

一到关键时刻，他们就开始耍起小聪明，投机取巧，希望得以蒙混过关。但他们没有想过：自己能蒙得过一次、二次，但三次、四次呢？一旦让老板察觉，就会留下极坏的印象。建立一个好的印象需要长期的考察，而坏印象却在一瞬之间形成，而且坏印象的改变是很难的。犹如一张白纸，整张白纸的白不如上面一个墨点的黑能给人留下极深的印象。即使老板这一次原谅了你，但他以后很难再信任你。因为，在老板的心中，他以往的投机取巧已经被打上不踏实、不可靠、不能委以重任的印记。

那么，是不是在同事面前就可以耍“小聪明”了呢？当然不是这样。

如果你要冒险这么干的话，结果会更糟：老板、同事，谁也不会信任你。

阿军是一家大公司的高级职员，平时工作积极主动，表现很好，待人也热情大方。但有一天，一个小小的动作却使他的形象在同事眼中一落千丈。

那一次是在会议室里，当时好多人都等着开会，其中一位同事发现地板有些脏，便主动拖起地来。而阿军当时却一直站在窗台边往楼下看。突然，他好像感觉到了什么，于是走过来，一定要拿过那位同事手中的拖把。本来地差不多已拖完了，不再需要他的帮忙，可阿军却执意要求让他来拖地，那位同事只好把拖把给了他。

刚过半分钟，总经理推门而入。他正拿着拖把勤勤恳恳、一丝不苟地拖着地——这一切似乎不言而喻了。

从此，大家再看阿军时，觉得他很虚伪，以前的良好形象被这一个小动作一扫而光。

事情如果到此为止也就罢了，毕竟，决定他命运的是老板而不是同事。可是，很不巧，在会议室的众多职员中，有一个刚好是总经理的亲戚。于是，阿军以后再也没有被重用过。

想一想，总是要小聪明的结果会怎样呢？也许某一次就被老板识破，那么结果可能就是辞职，到另外一个公司。但是，同样的戏剧也许会再一次上演，只不过是换了一个地方，换了一个时间。许多年后，别人都已经创下自己的事业，打下一片江山。他们却只能想：我要去的下一个公司是哪里？也许最后觉得人生可悲，决定从头做起，可已经物是人非，多少机会已经失去！

小祥在学校里是一个很活跃的人，一直被朋友们十分看好。可是让朋友们吃惊的是，都毕业几年了，他还是经常跑人才市场找工作。

而让朋友们大跌眼镜的是，上学时默默无闻的明磊，此时已经成为一家著名电脑公司在华北地区的市场总监了。

这是怎么回事呢？让我们先看看他们这几年的工作经历。

离开学校后，小祥应聘做了一家宾馆的大堂经理。由于爱耍些“小聪明”，所以，刚开始挺受重用。可过不多久，他的那些“西洋镜”都被一一拆穿，老板马上就将他“冷冻”起来。无奈之下，小祥只好卷铺盖走人。

之后，小祥又进了一家中德合资企业。德国人严谨实干的作风当然又是小祥不能“忍受”的。后来又是新加坡人、日本人、美国人……这几年，小祥的老板都可以组成一个“地球村”了，可小祥却还是在职场游荡。

明磊则不同。大学毕业后他就进了这家电脑公司的销售部。之后，他勤奋工作，默默地积累工作经验。他对行业渠道的熟悉程度使上司很是赏识，对公司产品更是了然于胸。他的才干很快得到上司的肯定。当该公司华北地区市场总监的位子空缺后，公司总部就让他顶了上去。

他们的经历真像某位大学生所说的“毕业以后，我们发现了彼此的不同，水底的鱼浮到了水面，水面的鱼沉到了水底”。

如果换一个思维，你本身就有一定的才干，又加上你勤奋踏实，肯吃苦，不管大事小事，只要是自己的工作，你都是事无巨细，悉心尽力，力求完美，不断地为自己设定更高的目标，监督自己，激励自己，精益求精。我敢肯定，只要你保持这种优良的品质，不管在什么岗位上，你都是杰出的。

老板会在内心暗暗地赞许你，渐渐地把企业的核心业务交到你的手上，培养你。这样，在一次次与重大业务的交锋中，你才能得以升华。

老板最终自然会对你委以重任。而且，周围的同事因为你有满腹的才华，勤奋扎实，又受到老板赏识，自然会对你刮目相看，并因而喜欢你而愿意与你接近，给你力所能及的帮助。而这一切，只是因为你从不投机取巧，认认真真做事，踏踏实实做人，从而使你的前途一片光明，事业一帆风顺，家庭幸福美满。

要想使自己获得成功，光有实力也是不够的，还要有实干的精神，有了这两者的结合，你的实力才会如虎添翼，机遇才会青睐你。踏实是一种习惯，更是一种态度。一种认认真真、实实在在、不骄不躁的态度，这是做人、做事、做企业得以稳健的基础和前提。

随时随地自我调节

当一个人经过长久的工作之后，经常会觉得无聊或感到疲倦。这时候就是你想拖延，而不想完成它的时候了。遇到这种情况，你最好休息一下，或找些事情调剂一番。

不过，在你放下工作之前，你一定要订个休息或是工作的起止界限，把那一点儿之前该做的工作完全做完。这样在你重新开始工作时，你就知道自己刚刚是在哪里停下来的。

这时候，干些体力活或者散散步，都是一种非常有效的调解剂。假如你工作到了一定的进度，而感觉到难以继续下去，那就停下来，去散散步。这种运动能使你头脑清晰，重新激起你的工作热情，你遇到的景物、声音会引起你新的构想，可以使你从中获得新的力量，帮助你完成工作。

当你觉得身体疲倦时，不妨休息一会儿，打一个盹，可以使你恢复体力。它还会让你的潜意识得以思考，提供解决问题的方法。

试着养成在一张十分干净、简洁的桌子上工作的习惯。而放在桌子上的文件，也一定要是最重要的，而且对你有益。把其他不相关的东西搁置一旁吧。因为那些无关痛痒的东西只会干扰你的视线，让你无法集中精力去做最重要的事。

结果就是，从早到晚，你就这样一直忙碌不堪，而忙碌到最后，很可能是你没有达成一宗交易，收效为零。

所以，最好的方式是保持桌面的整洁。将文件撇在一旁，让你能专注于某一件重要的事，而不受其他因素的干扰。不用担心你会忘了下一步该怎么做，你绝对不会忘的。

自我调节是解决问题的最好方法，所以，当我们遇到难题无法解决时，千万不要沮丧、不要退缩，首先要调整好心态，其次就是要深入思考。

我们一直在强调，遇到问题一定要努力思考，办法总比问题多。然而，很多人遇到难题时，虽然也思考，但却总是浅尝辄止，从来都没把问题想透彻。这样一来，自然就想不出好的方法。因此，我们一定要学会正确、深入地思考，在寻找办法之前，先把问题想透彻。

一个问题出现了，往往有很多方案去解决。只有不断深入、透彻地思考，才能找到最直接有效的方法。而思考不透彻的人，也许只能找到效率低、又浪费时间经历的“笨办法”。更有那些不动脑子的人，根本连一条办法也想不出来，他们面对难题，只会束手无措，或者去哀求别人的帮助。

其实，每个人的智商原本都差不多，只不过有的人肯动脑子，喜欢思考，所以才擅长解决问题。而另外一些人并不是找不到方法，只不过他们懒得思考罢了。

做回强大的自己

我们身边经常会有一些老年痴呆症患者，他们在外出活动后，经常找不到家，很容易把自己给弄丢。每当听到这样的事情，我们也许会觉得这些人挺可怜的，然而当我们把思路再放宽一些时也许就会发现，丢失自己的人很可能也包括我们自己。

由于喜欢、崇拜一些财富英雄，我们也希望自己能像他们一样，而当我们这么努力的时候，真正的自己却可能从我们身边走开，越走越远，以至于把自己给弄丢了。

微软公司的总裁史蒂夫·鲍尔默同时也是一位非常优秀的演讲家。无论何时，他的演讲好像总能释放出无穷的能量，极大地激励起员工的激情。

因为太投入，每次演讲时，史蒂夫·鲍尔默总会不由自主地握起拳头一次又一次地拍打自己的手掌，有时也会突然提高音量，或是在台上兴奋地奔跑……

像他这样的全身心投入的演讲对于听众来说无疑具有很大的吸引力。

微软公司有一位经理就被鲍尔默演讲时的魅力深深吸引着，并希望自己在下属面前演讲时也可以像他一样，那么充满激情。于是，他打算模仿并复制鲍尔默的一切。

仔细揣摩好久后，在一次演讲时，这位经理也学着鲍尔默的样子，兴奋地大喊大叫，不时地在台上跑来跑去并做出夸张的手势。虽然在场的人都知道他是在模仿鲍尔默，只不过这种夸张的表演还是让台下的人忍不住想要发笑。最后，这位经理只能在大家的一片哄笑声中尴尬地结束这场东施效颦的闹剧。

在这个世界上永远不会有完全相同的两片叶子，成功的模式方法也不可能适用于所有人。所以，试图模仿或复制他人独特的成功模式是行不通的，这样的做法不会也不可能使自己获得真正的成功。因为每个人都有属于自己的特点，也会有只属于自己的独一无二的成功。所以，你不可能成为周杰伦，不可能成为刘翔，也不可能成为莎士比亚，更不可能成为布什。

我们最需要成为的就是我们自己。

耶稣有一句话是这样说的："一个人赢得了整个世界，却失去了自我，又有何益？"

你是谁？是一名医生，一名律师，一个顾客，还是一部片子里跑龙套的？可能这些都只是我们在社会中扮演的角色，但却不一定是真正的自己。

英国作家弗吉尼亚·伍尔芙说："成为自己比什么都重要。"一生之中，自己是否成功，人生是否快乐幸福，我们自己才是最重要的评判者，任何其他人都不能给我们答案，真正的答案就在我们自己心里。所以，我们要成为自己，成为自己希望成为的人，这对我们每个人来说都很重要。

同样的职业，同样的技术水平，但有的人觉得满足愉悦有的人则可能觉得平淡无趣，两个不同的人就会有两个截然不同的态度。所以，自己的成功与人生，不在别人的眼光中，只在我们自己心里。

比如，同样是网络高手，如果你自己的理想就是要成为一个网络高手，你一坐在电脑前就觉得充实，觉得生活很有意义，那么你就是成功的。但如果你坐到电脑前感到的不是充实而是一种空虚，觉得这不是自己应该过的生活，那么，即使你的工资待遇很高，你也会陷入莫大的空虚之中，这样的话，不管你的技艺有多高，也只能是个失败者。

很多时候，我们常常会陷入迷茫之中，不知道该怎么做才是自己想要的、才是成功的。迷茫中，我们很容易作出错误的判断。有的人觉得获得成功就是成为最好的自己，有的人觉得尽可能多的获得名利就是成功，甚至有人把成功与管理的人数画上等号。

在《做最好的自己》一书中，李开复博士给我们讲了一个令人沉思的故事。故事中一名学生这样问开复博士：我希望自己能够像您一样成功。在我看来，成功就是管人，管人这件事让我觉得很过瘾——尤其是在发放薪水时，管理者一定会有大权在握的优越感。那么，我该怎么做才能走上管理者的岗位呢？

听了他的话，开复博士问他："在你眼中成功究竟是什么呢？"他回答说："成功就是获得财富、地位，成功就是做领导、做管理。"

无论是现实中还是历史上，有这种想法的人不在少数。通常情况下，我们思维都会陷入一种固定的成功模式中，那就是用财富的多少来衡量成功大小，以名利大小来评价成败与否。但如果我们把这些当作自己人生的目标和理想，就会忽略掉自己在社会中应有的价值和责任。即使最后获得了梦寐以求的名和利，也不一定能获得真正的快乐和幸福。

这是一个虚荣浮躁的社会，所以浮躁会成为这个时代的特点。环顾周围，我们会发现，有些人纯粹是为金钱活着，有些人靠琢磨身边人和上司的脸色活着，还有些人则以同事和朋友的看法来决定自己的生活和幸福。

有时，当自己的行为举止和周围朋友差别太大时，劝告就从四面八方朝自己奔来：别人都不把工作当回事，你干嘛要扮优秀？别人有时间都搞点儿社交活动，沟通感情，你为什么总是抱着书本当饭吃？别人都不诚实，你为什么那么傻里吧唧？别人都喜笑颜开打情骂俏，你为什么呆头呆脑，似乎不食人间烟火……

有一则很有趣的故事是这样的：有一个人，他的一个朋友跟他打赌，说：如果今天你在家里面挂一个空着的鸟笼子，等挂一段时间之后，你非得养鸟不可。他自然不会相信，说：这怎么可能，挂鸟笼子和养鸟是两回事。朋友笑着说：你不信，咱们就打个赌，你挂一个鸟笼子试试看。

听了朋友的话，他果真在屋里挂了一个鸟笼子。挂上鸟笼子的第一天，到他家来的客人不经意间看到笼子，都会问他，你的鸟是死了还是飞了？你原来养的是什么鸟啊？要不，我送你一只吧。然后他就会跟客人解释一番。

第二天，又有客人来了，对他说说：你看看空笼子还挂在这儿，你特伤心吧？你那鸟死多长时间了？你是不是不会养鸟啊？我给你买了一本养鸟的书，看看吧。

到第三天，就有人捧着鸟来了，说：鸟死了，挺可惜的。我送你一只吧，还有鸟食，我告诉你怎么养鸟。

送鸟的，送食的，送书的，虽然大家都是好意，但其实让他不胜其烦。

没过一个礼拜，他想：算了，我就养只鸟吧，免得别人成天问这个鸟到底是怎么回事。所以，这个鸟笼子里真的养上了鸟。

其实，处于社会上的我们无时无刻不在受着外界的影响，也很容易按照别人的意思去选择自己的生活，而没有自己的想法和信念。

只有努力成为自己的人，才是生活的强者。你就是你，又不是任何别的什么人，为什么要把自己变成别人，而丢了自己呢？沃顿曾说：“人固然不能成为万国之王，但应成为自身的主宰。”我觉得，人如果能够主宰自己，也是一件值得庆贺的事。

成功的路子很多，成为自己的道路也从来不止一条，关键是我们要善于寻找发现。如果只是被动地接受世俗规定好的模式方法，就只能在人云亦云的氛围中迷失自我。若是盲目地选择那些并不适合自己的成功之路，不但看不到成功的尽头，还会为自己戴上沉重的精神枷锁。所以，我们要学会摆脱自己和环境给自己的束缚，理解自己，倾听自己内心深处最真实的声音，树立自己坚定的决心和信念，才能做真实的自己。做真实的自己的人不会被世俗所牵绊，做真实的自己的人会一往无前坚定地走自己选择的路，在不断超越自己、实现自己的过程中，使心灵获得最大的快乐。如果你做到了这些，那么你的人生注定是出色的、快乐的、幸福的，你也注定是生活的强者。

永远不要轻视你的对手

很多所谓的强者，是那些在事业上获得了一定的成功，并达到最佳生存状态的人。他们自信、积极、乐观，对于自己的选择、决定总是信心百倍，对自己的判断也不容别人置疑。他们自我感觉良好，身边的人更是对他信任有加。

但是这种感觉很容易让他们飘飘然，若此时有人对他的某些做法有疑问，提出忠告，就很容易使他心生不悦。不管是真正意义上的强者，还是浪得虚名，只要他觉得自己是生活中的强者，并因此而沾沾自喜，骄傲自大，那他就会使自己的思维陷入一个怪圈，听不得逆耳之言，也看不得别人比自己强。

这是典型的自负心理，很多强者或多或少都带有点这种心理。古希腊哲学家德谟克利特说："自负的人常自寻烦恼，这是他自己的敌人。"而一个埋头于自己事业的人，是没有闲情逸致去关注别人是怎样的，更不会有精力去忌妒、烦恼。

强者一旦开始自负，那么他整个人都会变得疯狂。不但不能准确的树立自己的目标还会变得争强好胜又自认为是，甚至因为怕别人超过自己而常感到别人的存在对自己是一种威胁。

这样的人让我想起一个故事。故事的主角是一只非常自负的小老鼠，这只小老鼠有一面镜子，能使自己放大很多倍。闲来无事时它就在镜子面前自我欣赏，看着自己了不起的样子，小老鼠满心欢喜，觉得自己形象高大，孔武有力，是一只举世无双的老鼠。所以，它瞧不起同类，不愿和其他老鼠玩耍，甚至不愿同它们说话。

它根本不相信世界上还能有谁比自己更强大有力。

有一天姑妈劝诫它说："好侄子，你可要注意点，现在大家都说你过于骄傲，自认为是兽类中的佼佼者。当心点，大象是不会喜欢你说大话的。"

小老鼠气极了，大声叫嚣："大象？大象是个什么东西！让它马上过来，我要叫它粉身碎骨！"姑妈笑着说："大象是这世界上一种庞大的动物。还没有听说有什么兽类不怕它呢！"小老鼠很不服气，决定去找大象，同大象较量一番，比个高低。

在一块林间旷地上，它遇见了一条绿色的蜥蜴。“你是大象吗？”老鼠问。“不，我是蜥蜴。你找大象做什么？”小老鼠瞥了它一眼，不屑地说：“那算你走运，假如你是大象，我非把你碎尸万段不可。”

然后小老鼠继承向前走，走了不远，又碰到了一只甲虫。“喂，你大概是大象吧？”小老鼠问。一提起大象，甲虫显得很胆怯，连忙摇头否认说：“不，不！我可不是大象，我是甲虫。”“算你福星高照。不然的话，我非把你踩成烂泥不可。”撂下这句话，小老鼠便径直向前走去。

当来到密林深处，小老鼠看到了一个像小山一样高大的动物，腿粗的像树干一样。目空一切的它倾尽全身的力气高声喝问：“喂！你是大象吗？”大象四处张望一下，并没有看见它。当小老鼠跳到一块大石头上的时候，大象才看到问自己话的是一只老鼠。

大象看了它一眼，淡淡回答道：“是的，我是大象。”大象的态度让小老鼠觉得非常气愤，愤怒地跳来跳去，但它的愤怒在大象那里显然没得到重视。大象泰然自若，不慌不忙地把吸满了一鼻子的水喷向这只吵闹的小老鼠。瞬时，一股巨大的水柱把小老鼠从石头上冲了下来，几乎被呛死。直到这时小老鼠才终于认清自己和大象的差距，委屈地爬出水洼。它完全没有料到和大象的决斗竟会这样收场。

看过小故事后或许我们会嘲笑这只盲目自大的小老鼠，然而仔细想想，其实现实生活中这样的人也不在少数。

和眼里容不下沙子同样的道理，一个自以为强大的人心中，也一样很难容下比自己更强的人。除此之外，他们还听不进和自己意见相左的话。他们总是认为自己的选择才是最好的，自己的方式才是最公道的，但往往正是这种心态和做事方式使他们陷入自己意想不到的危机之中。

看过《三国演义》的人都知道，庞统之死在一定程度上就是这种不健康的心理造成的。在夺取西川的过程中，庞统随刘备一起攻雒城，诸葛亮因担心他们误走小道陷入敌人埋伏，特意写信告诫庞统千万不要走小路。但庞统看后，却怀疑身在千里之外的诸葛亮根本不可能知道敌人在小道设伏而是想和他争功。于是，他就弃诸葛亮良言于耳后，依旧进至落凤坡，结果中了张任埋伏，被乱箭射死。

由此可见，自负才是我们的大敌。身为强者，不仅要让自己有容人之心，更需察纳雅言。正所谓：兼听则明，偏听则暗。

真正意义上的强者，根本不会摆出一副高高在上的样子藐视别人。因为他们知道，海纳百川，有容乃大。而想要容纳的更多首先就得让自己处于低势，那么就只有将心态放平方能得到更多人的帮助。所以，我们要端正自己的立场，不要以为别人取得了成就，就是对自己的威胁。事实上，没有人能够威胁到你除了你自己。

正所谓尺有所短，寸有所长，强者也只是在某个方面很强罢了，不可能所有方面都超过他人。所以不要一看到别人的优点就心生不平。要记住：你有你的优点，别人也有自己的缺点，不要总拿自己的短处和别人的优点比。

真正的强者，是不会担心碰到比自己更强盛的对手的。在他们看来，被人超越不但不是坏事反而是一件很令自己高兴的事情。因为对于强者来说，更需要的不是高高在上的优越感而是一个亦敌亦友可以惺惺相惜共同成长的朋友。作为强者的你，如果依然无法避免忌妒、自负心理，只能说明你还不够强。

第二章 与其安于现状，不如改变自己

环境在不断改变，我们不可能无动于衷。树欲静而风不止，即使你想安于现状，那也是不可能的，新的环境会逼着你去改变自己。与其被环境改变，不如主动自我更新。

从小处着手，改掉坏习惯

俗话说，百尺之台，起于垒土。所以，根除坏习惯也不要操之过急。一步一步走，漫漫长路有尽头；一针一针缝，破烂衣衫变天衣；一砖一瓦垒，铜墙铁壁耸云霄；一片一片积，万丈雪层高似山。要想改掉坏习惯，培养好习惯，就必须从大处着眼，小处着手。

坏习惯之所以会养成，就是因为小毛病的不断重复和积累。如果想将其改掉，我们也必须从小处着手，慢慢地，一点点地，不断重复，日积月累。正所谓：以彼之道还之彼身。

但事实往往并不像我们想象得那么简单，在我国很多人的思维意识中，都有想做大事不屑于做小事的想法。修身齐家治国平天下，成大事者落拓不羁。有不少人只想着这么样才能成就一番大事业，却不愿意或者不屑于去做小事。但到头来，却往往是大事没做成，小事没干好。

老子有一句话是："天下大事必做于细。"他认为，凡是大事都是从小事开始的。正所谓：不积跬步，无以至千里。在《细节决定成败》一书中，汪中求先生也告诉读者："芸芸众生能做大事的其实太少，大多数人在大多数情况下，只能做一些细小的事、琐碎的事、单调的事。也许过于平淡，也许鸡毛蒜皮，但这就是工作，就是生活，但这些小事往往正是成就大事不可缺少的基础。”

俗话说，千里之堤，溃于蚁穴。很多坏习惯的养成都是从一些被我们忽视的小事慢慢开始的，正是这些小事让我们逐渐养成了各种各样的坏习惯。很多时候，我们都是对其视而不见的，总觉得那只不过是一件小事而已，不会给自己造成太大的影响。因为不够重视，所以，你忽视了它，但它却从没有停止对你的腐蚀。正如刘备所说：“勿以善小而不为，勿以恶小而为之。”

孔子曰：“人非圣贤，孰能无过？”但可惜的是，我们常常忘记后面一句：过而能改，善莫大焉。当然我们每个人都免不了会犯这样那样的错，但只要自己能够及时改正，小错也就不会酿成大错了。但如果自己知错不改，一犯再犯，那么就算是一点毫不起眼的小事也会给你带来巨大的危机。

电视连续剧《暗算》讲述的是一个发生在神秘大院 701 的故事。701 是国家的一个高度秘要机构，他们的主要工作就是破译，捕获像风一样的电波，解出比看到风还难的敌方密电。这简直是一个无法完成的任务，然而他们却一次又一次地创造了奇迹。

他们凭借的是什么呢？除了自己的艰辛和努力外，很多时候靠的就是对方不经意间留下的蛛丝马迹。而那些所谓的蛛丝马迹或许只是敌方的一些小毛病、坏习惯留下来的微妙信息。如阿炳找对敌台靠的就是对方发报员的不良恶习。

对于那些坏习惯，在平常人的眼中可以说是无可避免的，例如，发报时击打键盘每个发报员都会有自己的习惯，哪个发报员打哪两个字母时容易犯错，哪个发报员以哪个字母结尾时会不经意地延长击打时间等都会有细微的疏忽。然而恰是因为这些细微的疏忽，才让他们的阴谋最终流产。

这些问题存在的根源正是他们平时的粗心大意。粗心大意就是日积月累养成的一个坏毛病，只因它还未引发大的危机，所以他们并没把它当回事，以至于被701捕捉到信息。现实生活中，坏习惯也恰恰钻了我们轻视的空子，在不断地重复、日积月累中，它终于积少成多，逐渐的成了我们身上难以祛除的恶习。

忽视身边小事给自己造成的不良影响是坏习惯赖以生存、发展的根源。只有当坏习惯让我们陷入危机，给生活带来很大的麻烦时，我们才会幡然悔悟，决心悔改。

坏习惯是忽视小事惹的祸。与日本员工的认真、精细比起来，中国一些员工有大而化之、随便勉强的坏毛病。生活中，“差不多”先生比比皆是，似乎、几乎、好像、将近、大约、大体、大致、大概等模棱两可的词语都是中国员工最喜欢说的。

在对小事的态度这一方面，海尔总裁张瑞敏先生举了一个例子：假如让一个日本员工每天擦六次桌子，那么日本员工会不折不扣地执行，每天都会坚持擦六次；可是如果让一个中国员工去做同样的事情，有的员工第一天可能擦六遍，第二天可能擦六遍，但到了第三天，可能就只会擦五次、四次、三次，甚至到以后，每天能保证擦一次就很不错了。

由此可见，所有坏习惯都是从点滴的小事中养成的，所以要想将坏习惯彻底根除，就必须从小事着手。不要觉得事情太小、太容易了就不好好去做。要知道把它们做好并不像你想象中的那么简单。把每一件简单的事都做好就是不简单的；把每一件平凡的事都做好就成就了你的不平凡。

当我们想要改掉一个坏习惯时，不仅要下定决心、集中精力，更要能从小事着手，并逐渐累积力量，那么改掉坏习惯将会变得非常容易、指日可待。

现在我们知道，累积的威力是巨大的，坏习惯就是靠它养成的，好习惯同样也离不开它。当我们想用一个好的习惯替代坏的习惯时，累积的作用更是不容忽视的。

坏习惯让我们产生了警觉

一口吃不成个胖子，坏习惯也不是一天两天养成的，它的消极影响也是在不知不觉中逐渐发挥作用的。当有一天我们因它而陷入生活的泥潭或对自己的某个行为产生质疑时，我们就会对习惯这个词产生警惕，并对自己的其他行为进行反思，对拥有一个好习惯产生强烈的渴望。

习惯不管是好的还是坏的，一旦养成，我们都会对它产生强烈的依赖。所以，习惯是一种可怕的力量，这种力量的显现是在它已经开始对我们起作用的时候，而每当这时往往它已经成长到令我们难以控制的地步了。就如英国思想家培根所说："习惯真是一种顽强而巨大的力量，它甚至可以主宰人生。"

很多时候，我们发现自己的行为与心中的愿望总是脱轨，甚至背离的。我们清楚自己想要的是什么，也知道应该做什么、怎么去做。但事实又是如何呢？我们的生活并没有因此而有多大的变化，人生轨迹也没有因此而发生一点改变。

我们能感觉到自己好像被一条无形的链子束缚住了，总是情不自禁地做一些令自己都感到莫名其妙的事情。我们一边让自己沉溺于成功和优秀的幻想中，一边又不由自主地重复着往日的单调而毫无意义的行为。那么究竟是什么力量在支配着自己？

现在我们知道，其实这一切都是习惯在从中作祟。让我们来看一下“习惯”是如何故弄玄虚和自鸣得意的：

你猜我是谁？

不管你愿不愿意，我都将是你的终身伴侣，我可以是你最好的帮手，也可以成为你最大的负担。

我可以推着你前进，也可以拖着你，让你永远无法成功。

我完全听命于你，但在你做的事情中，也会有一半的发言权交给我，因为，我总是能快速而准确地完成任务。

我很容易管理——只要你严加管教。请正确地告诉我你想要如何去做，几回实践之后，我便会自动自发地完成任务。

我是所有伟人们的奴仆，唉，我同时也是所有失败者的最大帮凶。伟人之所以伟大，得益于我的大力相助，失败者之所以失败，我的罪责同样是不可推卸的。

我不是机器，但我能像机器那样精确的工作，除此之外，我还具备人的聪明才智。你可以利用我收获财富，也可能因为我而遭到毁灭——对我而言，二者没有任何区别。

捉住我、培养我、对我严格管教吧，这样的话，我将会把整个世界呈现在你的脚下。但千万别放纵我，那样，我的能力也会将你毁灭。

我是谁？

我就是习惯。

它的话虽然有些自命不凡，但却没有半点儿危言耸听。人是一种习惯性的动物，我们的很多行为都要服从习惯的调遣。有调查表明，人们日常行动的 90% 竟然都是源自于习惯。

我们生活中积累的坏习惯就像一条锁链，紧紧地束缚着我们，而打开这条链子的钥匙就在我们自己手中。不管好习惯还是坏习惯，它的养成只需要 21 天的时间，我们可以用 21 天养成一个坏习惯，也可以在 21 天中用一个好习惯将坏习惯替掉。

某个动作，某种行为，多次重复，就能进入人们的潜意识中，变成习惯性的动作。知识积累、极限突破等，都是习惯性的动作、行为不断重复的结果。只要我们有意识地去改变我们的坏习惯，坚持我们的好习惯，并使之植根于我们的潜意识中，便会有效地改变我们的生活和人生，使我们通向成功之路。

然而，一直以来我们从未把习惯当回事，更没有认识到习惯所储藏的巨大力量。对那些获得成功的人来说，他们往往会将成功秘诀归功于自己坚强不屈的意志、吃苦耐劳的精神，甚至有人认为是自己先天所具有的聪明才智。他们总是对好习惯的作用熟视无睹，或将它强大的力量忽略不计。于是，习惯就成了一个无名的英雄，默默无声地藏在幕后，掌控着一切。

对那些深陷生活泥潭的人而言，也很少将责任归咎于自己的坏习惯。在他们看来，逆境局面的形成应该是方法错误、或是出于自己的麻痹大意，总之与坏习惯是毫无关系的。然而我们一旦放纵了坏习惯，它就会软土深掘，显示出更大的破坏力。正如它自己所说："千万别放纵我，那样，我会将你毁灭。"

幸而，人类是一种懂得反思的高级动物。一旦坏习惯的破坏性完全凸显出来，我们就会对它产生警觉。就像上文中讲到的那个美国石油大亨保罗·盖蒂，半夜醒来犯了烟瘾后，在自己穿上衣服想要去一个很远的地方买烟的一刹那，他觉醒了，他突然觉得自己的一切行为是如此的荒唐，竟然会让吸烟的动机来支配自己。于是，他开始反思自己的这一坏习惯，并认识到它所具有的巨大破坏力。当他发现了这个秘密后，就开始对好习惯的培养充满了前所未有的渴望与冲动。

通常情况下，我们会对自己的坏习惯产生反思，但却很难对好习惯的作用给予充分的认定。而当一个人熟悉到坏习惯的巨大力量时，就会对好习惯产生足够的重视，并对好习惯的养成充满强烈的渴想。他会把成功所必须的好习惯都坚持下来，会关注生活中每一件小事对习惯的影响。

所以，我们要感谢那些坏习惯，是它让我们产生了警觉，彻底认清了习惯的力量，并让我们最终养成了很多好的习惯，一步步走向成功。

过分安逸只会消磨你的意志

人生往往是在险恶的环境里最安全，而安逸的环境下最危险！这表面上似乎违背常理，但是看看我们所经历的人生，你就会发现这些话一点儿都不假。当你发现自己已经被环境吞噬了的时候，往往已经来不及了。

因为此时，你已经被周围的环境同化了。这种情况直接产生的后果是：很容易使一个人丧失斗志，没有了进取心，从而变得浑浑噩噩、一事无成。

有个年轻人就是这样，初涉入世时，干劲十足，理想远大。从学校毕业后，他还试着创业，但不到半年便宣布失败了，只好到了一家单位做事。这个单位待遇不错，事情也少，工作也没有压力。才经历过创业失败痛苦的他，第一次领略到日子的惬意。才不到三个月，同学见到他，都说他变胖了……

一晃眼，三年过去了，五年过去了，十五年过去了，同学见到他，都惊讶于说他的变化。他变得懒惰、温顺、颓废、暮气沉沉，年轻时的那种鲜活、锐气全都消失不见了。而自己再想去闯出一番事业更是不可能了，只能在这个单位终老一生。

这个年轻人的变化或许是机缘凑巧，因为他刚刚碰到失败的痛苦，信心大受打击，急于找到一个安身立命之地。也许他已经身心俱疲，碰到待遇好、工作少、无压力的单位，心中的巨石放下，压力骤减，当然要好好地“休养生息”一番。但如此日复一日，不知不觉自己就被这安逸的环境改变了，而自己的人生也最终定格在这个地方。

事实上，环境会使人发生巨大的改变。在社会中，人只能适应自己的生存环境，却很难去改变它。因此，你要么是不能适应环境，在其中忍受煎熬；要么是调整自己，使得自己逐步适应环境、溶入环境。在严酷的环境下，生于忧患。为了生存，绝大多数人都会激起斗志来改变命运，自己的性格也会因此而呈现刚毅、坚韧的特质。

但也有人改变环境不成，反而成为环境下的弱者，并呈现消极、软弱、悲观、自卑、绝望等负面的性格特质。久而久之，这种性格特质就会定型而难以改变，人也会逐渐丧失了信念和斗志。严酷艰难的环境使人保持清醒及自觉，而安逸的环境对人的负面影响则更大。人都是好逸恶劳的，这是人性中一个很重要的特征。

有的人每天东奔西跑，为的就要追求一个安逸舒适的环境。很多年轻人找工作，也总把“钱多事少离家近”的工作当作首选。但安逸的环境却很容易腐蚀一个人的斗志，麻痹一个人的神经，瘫痪一个人的自觉、自省能力。

久而久之，人就在环境的吞噬下成了一个寄生生物，一旦离开了这个温室一样的环境反而会变的不适应。虽然也有人的警觉性很高，很快就脱离了那个环境，但绝大多数人都会陷入这样的机制中：刚开始“满意”这个安逸的环境，接着会有一点矛盾，继而被环境“招降”，最后与环境合二为一，成为环境的一部分。于是一个安逸舒适的环境，就会造就一批懒懒散散的人。这样的人和温室中的花花草草一样，毫无生命力。

人都是有惰性的，都喜欢安逸的生活。但是，当你远离了一切危机和苦难，不再为生存而奔波劳累，甚至不须为未来担心，这样的生活是否就是天堂呢？也许下面这个故事，能给你一个明确的答案。

有一个人死后，在去寻找天堂的路上，遇见了一座金碧辉煌的宫殿，宫殿的主人请他留下来居住。

这人说：“我在人间辛辛苦苦忙碌了一辈子，现在只想吃，只想睡，我讨厌工作！”

宫殿主人答道：“若是这样，那么，世界上再没有比我这里更适合你居住的地方了。我这里有山珍海味，有舒服的床铺。而且，我保证没有任何事情需要你做。”

“啊，这正是我要寻找的天堂呀！”这人高兴地说，于是便住了下来。

开始一段日子，这人吃了睡，睡了吃，感觉非常快乐。可渐渐的，他觉得非常空虚和无聊，并且这种感觉越来越强烈，简直无法忍受下去了。于是他就去见宫殿的主人，抱怨说：“这种每天吃吃睡睡的日子过久了也没意思，我现在是脑满肠肥了，对这种生活已经没多少兴趣了，你能不能给我找份工作？”

宫殿的主人答道：“对不起，我们这里从来就不曾有过工作。”

又过了几个月，这人实在忍不住了，又去见宫殿主人：“如果你不给我工作，我宁愿去下地狱，也不愿再住在这里了！”

宫殿主人轻蔑地笑了：“你以为这里真是天堂吗？事实上，这里本来就是地狱啊！”

看来，过分安逸的生活不但消磨人的意志，使人停滞不前，而且它造成了危害甚至更为长远。这种没有任何危机意识的状态，会造成极端的空虚和无聊，而无聊正是人生的地狱。

如果你给我一个天堂，永远不愁吃、不愁穿，而且不需要工作，那就是地狱了。

事实上，天堂是有苦难的，正如这个世界也是有苦难的。而战胜这种苦难的过程，却是一种无可替代的快乐。

趁年轻，逼着自己去学习

无论你是初出茅庐的职场新人也好，还是已经建立功业的职场老手也罢，你都要记得时刻要为自己补充“功力”。否则你将没有容身之地。

我们身处的这个时代，是一个信息膨胀、知识爆炸的时代，知识的力量是无穷的。最重要的便是学习。在一个变化越来越快的时代，每个人既有的知识和技能很容易过时。如今好多拥有某种专门技术的人常常显得知识狭窄，这种仅在技术方面片面发展的趋势，是非常不合适的。在很多职业中介机构的名录里，登记着无数受过教育的失业者的名字。其中的大部分人都是因为自己没有进一步发展的专业能力被人超越，最后丢失了原有的饭碗。因此一个人要“不断自我充电”，才能避免工作上的危机。

在“知识经济”时代，必须勤于学习，善于学习，并且终生学习，才能在竞争激烈的社会中立于不败之地。工作每天都有新情况、新挑战，你每天都要面对新事物，学习与工作相伴，快乐工作离不开学习。

随着知识经济浪潮的到来，简单扼要的“裂变效应”将会导致知识更新速度的不断加快，为了适应飞速发展的社会，终生学习或教育成为每个现代人的生存和发展的必经之路。据英国技术预测专家 J · 马丁测算，人类的知识每 3 年就增长一倍。西方目前流行这样一条“知识折旧”律；“一年不学习，你所拥有的全部知识就会折旧 80%。”

自我充电既是自我进步的需要，也是一笔划算的投资。“活到老，学到老”，在不断变化的时代中，你永远都要充电。对于一个身在职场的人来说，不断地充电学习更新知识和每天保持干练的职业形象一样重要。即使有专业，也要不断地学习，了解你所从事的行业和职位的最新资讯，根据最新的职业要求，补充自己的技能，坚持与时俱进。

职场上一个人的前途之所以无限光明，是因为他事先就已经学会了扫除将来有可能遇到的各种障碍的必备知识。人的生活其实是由我们自己塑造而成的。如果我们能学会接受自己，弄清自身的优缺点，我们就能更好地专心做事，达到目标，不会浪费时间与精力。事实证明，在知识方面的“自我投资”是成功者的一个重要特征。

丹娜一直是个精力充沛的美丽姑娘，她喜欢需要动手的工作，她的业余爱好是艺术和体育。她在上中学时，对大学预备课程没有兴趣，但是喜欢修理科、体育和艺术方面的课程，而且表现突出。

18 岁的时候，她找到了第一份工作——工厂装配工人，任务是将不同的电子元件装配在一起，月薪是 800 美元。她很快又掌握了更加复杂的工作，并成为厂里干活儿最快和质量最好的装配工人。她还有维修技术设备的天分，当设备出现故障时，经常是丹娜让它重新运转起来。

三年之后，丹娜依然很喜欢在那家工厂工作，但她却希望能够进入薪水较高的管理职位。她意识到这样的转变需要掌握更多的知识，于是她参加了社区学院举办的夜校。经过四年刻苦的学习，她获得了学位证明，被提升为车间主管，月薪是 4000 美元，是当工人时的 5 倍。这大大地改善了丹娜的生活状况，并且更有财力去发展自己的爱好。

知识的力量是无穷的。在这个知识经济时代，必须能够勤于学习，善于学习，并且终生学习，才能在竞争激烈的社会中立于不败之地。有许多人在学校时成绩平平，但日后在学识及事业上往往有惊人的表现，原因也就在此。你要相信知识能够改变命运，成就大事。

在今天的社会里，文凭虽然能帮你找工作，却不能保证你在这份工作中一定有什么成就。如今的工作重视的是能力，而不是文凭，所以你要继续学习，不断掌握新的知识和能力。一个人能一步一步随着岁月踏实地发展，经过一年就具有一年的实力，经过两年就具有两年的实力。进而，10 年、20 年、30 年，逐渐造就了与其时间相称的实力。这种人才是真正的“大器晚成”。

有不少人对一份工作干一段时间就觉得没意思了，想换一份工作。而换一份工作就得有条件、有实力，而实力来自自身。虽说现代社会的机会很多，但你要是不学习的话，必然也会逐渐落后于社会。因此，你要天天学习，这样你就天天有进步，就会天天有机会，你的生活才会富有生机。你如果因为目前的工作进行得很顺利就感到很放心，每天悠闲地过安逸日子，那么目前的情形就不一定能维持很久了，失败的日子一定不远了。

有些人从学校毕业后进了社会就失去进修的心，这种人以后都不会再有什么进步。反之，学生时代即使不显眼，但进入社会后仍然勤勉踏实地学习应学的事，往往都会有长足的进步。能继续保持这种态度的人是只有进步、没有停顿的。

教育让我们有能力自己创造自己的快乐。在这方面，我们必须自学成才，学会自我更新、自我充电。工作每天都有新情况、新挑战，你每天都要面对新事物。学习与工作相伴，工作就是学习。一个人的前途之所以无限光明，是因为他事先就已经学会了扫除将来有可能遇到的各种障碍的必备知识。事实证明，在知识方面的“自我投资”是成功者的一个重要特征。在今天的社会里，文凭虽然能帮你找工作，却不能保证你在这份工作中一定有什么成就。如今的工商业重视的是能力，而不是文凭，所以你要继续学习，不断掌握新的知识和能力。

失败没有借口，抱怨于事无补

世界上总有一些人，他们对自己的失败充满了抱怨，仿佛自己是世界上最最不幸的人。而别人的成功，又往往那么轻而易举。

在抱怨者的世界里，不存在公平二字。仿佛成功本就应该属于你，而不应该属于别人。但是，你什么都不敢，就想获取别人的成功，这公平吗？

老王就是这样一个人，他经常对朋友说：“老天爷真的是太不公平了，总是让有能力的人得不到机会，而没能力的人却成功了！那个老刘，你知道的吧，他曾经是我的同学，那时，他的成绩糟糕透了，还经常抄我的作业，现在他居然当上了作家，这么一个没能力的人，却成功了！”

朋友说：“可是，我听说老刘很能吃苦，常常写作到深夜……”还没等朋友将话说完，老王又接着说：“还有个叫周文的人，他也是我的同学，就他那个身体，连多走几步路都会喘不过气来，上体育课时经常不参加，现在你猜怎么样？他居然成了体育明星！”

朋友说：“可我在报纸上看到，周文除了吃饭睡觉，所有的时间都花在训练上……”没等朋友将话说完，老王又接过了话头：“特别让我生气的是李克，在学校里的时候，他连鸡腿和牛肉都吃不起，天天吃面包夹青菜叶，现在居然开了酒楼！”

这次，朋友没有急着说话，他在等老王将话说完。老王却急了：“你怎么不说话了？你说老天是不是不公平？”

朋友这才开口说：“要我说，老天是公平的。他让饥饿的人有肉吃，让身体瘦弱的人懂得锻炼的重要，给了每一个丑小鸭做白天鹅的梦想。难道这还不算公平吗？”

接着，朋友又意味深长地说：“每个人的成功都不是轻易得来，与其抱怨自己的际遇，为什么不尝试去改变这一点呢？”

是的，这个世界并非你想象的那么不公平？相反的，上帝会让每个付出努力的人获得应有的回报。而那些一味抱怨的人，则永远得不到任何收获。因为这些人天生喜欢抱怨，不断地为失败找借口，所以他们就一直失败。

抱怨的人很少积极地想办法去解决问题，他们不认为积极主动地完成工作是自己的责任，却将抱怨和找借口视为理所当然！

还有些人自命清高、眼高手低，动辄感到自己被老板剥削，是在替别人卖命、打工，是别人赚钱的工具，因而在思想上产生严重的抵触情。他们的聪明才智没有用来思考如何更好地完成工作，而是整日抱怨，把大好的光阴白白浪费掉了。

更有甚者，当他不愿意去做一件事情时，早在做它之前，就已经想好了借口。

工作中，最常见的借口就是：

“我已经很努力了，但这种产品太没有名气了”；“我真是没有办法了，谁让对手太强了”；“我真的尽力了，不过我们的产品太贵了”；“我有什么办法，公司知名度那么低，谁会买咱们的商品呢？”……

当自己没有做好上司交待下来的工作时，有些借口很常见：

“这工作我本来就做不了，他以为我是哈佛毕业的”“都怪他没有安排适合我做的工作，他就不能发现我的优点吗”“唉，都是环境不好”“别的同事都不配合我，我怎么干得完呢”“他把我当成万能的主了，这种事情是我干得了的吗”……

就连一些管理层的干部，也会出现诸如这样的借口：

“这个项目我真的尽力去做了，但我手下的员工太笨了”“我不能同时做好几件事情的呀，他们也不帮帮我”“真让人头疼，这些人太难以沟通了”……

人们如此煞费心机地找借口，却无法将工作做好，这实在是一件非常奇怪的事情。如果那些一天到晚抱怨不断的人，肯将一半的精力和创意用在工作上，他们一定能够取得卓越的成就。现在，停止你的抱怨吧。因为，失败没有借口！其实，失败并不可怕，而不敢面对现实才可怕。你只有勇于正视失败，才能更好地吸取经验教训，从而为下一次的成功做好准备。不要总是找借口推脱，其实你完全有能力将工作做到最好。

啃老惹人嫌弃，奋斗才能独立

在现代生活中，人被高度社会化，不再独立生活，那么，生活中，人与人之间相互依赖似乎是天经地义的。可是，殊不知相互依靠多半会沦为相互控制。

在这样高度社会化的人类生活中，独立的代价在短时间看似惨痛，长期来看却是自主、安闲的不二法门。

一个男生打了越洋电话给自己喜欢的女生，讲了两三个小时的电话后，女生问男生："越洋电话讲这么久，不浪费钱吗？"

"没事的，"电话那头传来男生的几声大笑，"电话费我老爸会付。"

"没事的，我老爸会付电话费"，打完电话女生挂上听筒，重复着男生的这句话，接着说："你老爸能给你付多久呢，这辈子吗？让他父母出钱送他来念书，却不懂得节俭，花父母的钱似乎是天经地义的。想追我，我看要等下辈子了，依赖父母还不知感恩的寄生虫。"

这个男生或许觉得仗着自己老爸是有钱人，抢着争取得到他的青睐的女孩子不知道有多少，便以为可以用钱追到任何一位自己喜欢的女生，可是他不知道，这个他苦苦追求的女生，知道他的为人，反而不再对他感兴趣了。

原来，这个男生的家境富裕，从小到大，一直以来是父母为他准备好一切，他自己不必操心任何事。俗话说，“拿人的手短，吃人的嘴软”，一直被父母供养，也就一直没有发言权和自主权。大学里要念什么科系，教育达到什么程度，从事什么行业，都由他的父母决定。

“以前隔壁有对卖面线的老夫妻就养了一个这种法宝儿子。”她说，“父母连他娶什么样的妻子，婚后住在哪里，每个月交多少钱回家，什么时候生孩子，生几个都给计划得清清晰楚。这儿子从小衣来伸手，饭来张口，没有任何能力来养活自己。年前突发奇想，说要做生意，一年不到就赔了，而赔掉的钱还要靠老父母卖面条偿还。”一个以父母的钱为生，却不理解父母的辛苦，也不懂得为自己未来做打算的人，是没有任何地方值得别人信赖的。

有的人却完全不同，她看到楼下邻居家的男孩正好放学回家，便指着他说：“他叫约翰，刚满20岁，昨天刚存够钱买了辆二手车，还开心地跑来和我夸耀呢。”

“约翰上学前就开始跟着爸爸修车，两年前向父母宣布独立，自己靠课余时间打零工赚取生活费，而学费还得靠父母，庆幸的是，他的成绩很好，上学期申请到了全额奖学金，这样一来，他的学费也解决了，现在自己还买了一辆二手车。他成熟，有主见，父母也非常尊重他，只要是他做出的决定，父母都会支持无条件地支持。”

听了这位女士的话，不禁让人感触：前后两个男生为何有这么大的差距。

随着生活水平的进步以及夫妻对个人生活生计的正视，相比从前，越来越多的家庭更富裕了，不过现在的家庭只愿意养育一个孩子。仅仅为了照顾一两个子女而留在家里太不经济，大多的家庭选择工作，孩子则找保姆照顾，孩子便缺少了母爱和父爱，至少是减少了。这样，父母们就觉得亏欠了孩子，会对孩子的其他方面作出补偿，来弥补对他们的照顾不周，以至于对孩子的所有要求都通通接受，这就造成多数年轻人都在受保护与宠爱的环境中长大。这样做有利也有弊：利处是孩子们只需要专注学习与成长，不必面临生活中琐碎的现实与阻碍；弊处是他们不知人间疾苦，视父母所给的一切为应该的。

由于受西方文化的影响，当下这一代人之中也有很多人因为独立意识地增强，开始急于脱离对父母的依赖，想和“外国孩子”一样过着自由自在的生活。殊不知“外国孩子”之所以能和父母平起平坐，完全独立，是因为整个文化环境的要求，生存环境要求年轻人独立自主。

在美国，学生半工半读，甚至为赚取学费而休学多年，直到存够钱才念书，或是成家立业之后再读书深造，这些都是极为普遍的现象——自由自在，是要付出代价的，那得靠自己的努力去换取。

在台湾，许多家庭花钱送自己的孩子远涉重洋到国外留学，因为怕孩子的学习跟不上进度，父母们要求孩子不要打工、不要贪玩，更不要谈恋爱——只希望他们的孩子每日里关在房里学习。

实际上，多数年轻人的行为与他们父母的要求刚好相反，尽管父母们一再敦促，他们仍是到外面游戏作乐，不务正业，身在台湾的父母却鞭长莫及。父母们常常是发了疯似的到处打电话拜托熟人帮忙督促自己的孩子。督促得紧了，本就叛逆的年轻人就会觉得烦了，觉得自己被控制了，自由没了，便郑重其事地告诉自己的父母：“请你们尊重我的自由，我不再是个小孩子了，要过自己的生活！”

这样的孩子，假如剥离去父母给予的一切，自己的生活，似乎什么都没有了。

我始终在想：一个既没有生活经验，又没有生活技能的人，要如何在现实社会中生存呢？

保护，仅仅靠社会中的道德和法律，似乎就可以了，如果再加入亲情所给予的无数的金钱，这就不再是保护，而是给孩子垒砌了一个圈，孩子的自由尽失，最大的问题是，孩子没有在社会中生存的经验，自己有多大的潜力也并不能被认识。

也许你会问：有人为你切好了一块肉，正打算送到你的嘴边，你会拒绝这块肉，然后亲自去赚钱买肉吃？更何况，这肉不是来自别人，而是自己的父母。从小养到大，已经吃了这么多切好的送到嘴边的肉，还会害怕多一次吗？而这就是依赖。

让人不解地是，许多人并不看好独立，并不认为是自由，而认为自由是另一种形式的束缚，殊不知它才是能让人自由自在的基础。你若真地赚到了钱，不一定只去买块肉，自己拿着钱可以自由的买食物的时候，才看到不仅仅只有肉，最好吃的也不仅仅只是肉，好吃的东西实在还有很多。

安全感不是来自索取，而是给予

有一个女孩子高挑漂亮，出生在一个富裕的家庭，一辈子不工作也不发愁。但她还是有一个很让人羡慕的工作，而且已经小有所成。这样的女孩子，可以完全独立，不需要依赖任何男人，应该是世界上最有安全感的人。

但她不是，而且可以说是最缺少安全感的人中间的一个。她总是谈恋爱，男朋友换了一个又一个，并不是她花心，而是那些都不能让她觉得给了自己安全感。她说：“我只是想找一个人陪。我总是觉得内心缺少安全感，希望找一个能给我安全感的人，他应该能在物质和精神两方面都能够无微不至地照顾我，给我很好的安全感。”

怎么样才可以获得内心的安全感呢？有这样一个故事。

故事的主角是一个洗脚妹，今年29岁，家住安徽，在厦门一家洗脚城工作。她学历不高，只是高中学历，家境贫寒，有两个弟弟和两个妹妹。她每天工作12小时，收入却只有两三千元。既没有什么姿色，也没有什么积蓄。

从这些条件来看，她应该是那种最缺少安全感的女人之一了。

就是这个洗脚妹，7年来都在做着一件有意义的事情：资助100多名贫困中小学生。她每个月只给自己留几百块的生活费，其余的钱全部资助捐出来资助那些孩子了。7年的资助费足以在厦门支付一套小户型的首付了，也可以让她安心心的过日子。她会没日没夜的加班，仅仅是为了多赚一点儿钱。每个月她都会请两天的假去看望自己资助的学生，力所能及地帮助他们解决生活上的困难。不仅如此，她还是一名公益爱心组织的发起人，她建了三个QQ群，和数百位志同道合的爱心人士一起助学。就是这样一个女人，在13岁时因为家里贫困而不得不辍学打工，她没能通过学习来改变命运，但是她深知学习对人生未来的价值。现在，她也是一名学生，正在攻读工商管理专业的大专学历。生活在这个物欲横流，人人自危的社会中，她的心里，需要多么大的安全感！

这个洗脚妹的名字叫刘丽。她是如何开始这段行程的呢？

开始做洗脚妹的时候，刘丽自己都不能接受“我从小到大都是年级第一名，怎么出来工作就是去按别人的臭脚丫子。”第一月的工资是1800块钱，刘丽把1500元寄了给家里，希望父母亲可以宽慰一些。

却遭到了父母亲的痛骂：“村里面有人说你和别人睡觉赚钱，是不是真的？”刘丽不敢告诉他们真相，告诉他们也不会懂，刘丽只好骗他们说：“我在服装厂工作。”洗脚城有好人有坏人，这个20岁的女孩子必须学会每天面对一些突发的恶意，应付着家人的猜测，每月给家人寄去大部分的钱，支持弟弟妹妹的读书。

两年过去，她的家境慢慢变好，家里盖起了房子，弟弟妹妹也开始上学。但是就在那年春节回家时，刘丽的父母由于女儿的“不光彩”工作，竟然把她赶了出来。这让刘丽彻底崩溃了。“在外面受苦受累不管怎么样，我都可以接受。因为我还有一个家，我家里需要我。可是听到我爸妈这些话的时候，我真的连死的心都有”。她不是委屈，而是绝望。刘丽想到了死，她准备好了刀，却一直没有划下去。

当人在外面打拼累了，千里迢迢回到自己认为最安全的地方时，却不被最亲的人接受，将自己赶出了家门，这无异于一刀刺中心房，那是最痛最脆弱的地方。那一年春节，刘丽经历了有家不能回的痛苦，自己不被理解，唯一可以听她诉说委屈的就是家人，但是，她的家人并没有听她诉说，而是不由分说就将她赶出了家门。委屈、无奈和对辍学的痛心，一起涌上，堵住了她的胸口，要彻底把她毁灭，家是她唯一的安全感，现在毁灭了。她想到了自杀。不知道是怎样的一转念，刘丽就在那一瞬间做出了选择，“我还不能死，我弟弟妹妹还要读书。我要让村里面出两个大学生。”

刘丽选择了重生，开始走上了另外一条道路：拿自己的钱来资助贫困学生读书。从2001年开始，她联系了家乡一些穷困的孩子，开始收集衣服，存钱，资助那些贫困孩子。开始只是资助自己村里的，后来也资助厦门附近的贫困孩子，直到今天，从未间断。

后来,刘丽被请到中央电视台录制节目《小崔说事》,崔永元问她:“当时你这份爱意是怎么来的？”刘丽给观众讲了下面这个故事。

“四年级的时候，我考试得了年级第一名。老师让我上台去演讲，这是面对整个年级的演讲，那是我一生中感到最骄傲的时刻。奇怪的是，我并不兴奋，而是害怕，因为没有鞋子穿。演讲的时候，我还是穿了鞋子：一只是我姥姥的，另一只是隔壁老奶奶的。两只鞋子的颜色也不同，一只蓝色，一只绿色。虽然两只鞋子不一样，穿起来也很难看，我还是穿着这双鞋上去了。不过我还是害怕别人看到我穿的那双不一样的鞋子。不管怎样，我还是穿上了鞋子，我站上去了。”

在搜索网站上，搜索刘丽就可以看到这个让人尊敬的女人，素面朝天，显得宁静而幸福。她说：“我要赚很多很多的钱，让村里读不起书的孩子都能上学。”

从刘丽的故事里，可以看到我们生命中的安全感是如何获得的。安全感不是从别人那里得到什么，而是来自自己内心深处，那种被需要的感觉，是给予而不是索取。给予世界，自己才有安全感，向世界索取，不能得到安全感，只能取得奴隶的身份。

开始时，刘丽的安全感来自家庭对她的需要，后来这份安全感又因为家庭对她的排斥而失去了。安全感的丢失让她想到了结束生命，就在她准备自杀的那一瞬间，另一个给予的目标在她心中萌生：我要通过自己的努力，让村里出两个大学生，把这份恩情延续下去。在找到了新目标的那一瞬间，安全感又重新回到了刘丽内心。正是给予赋予了她力量，让这个普通女人拥有了那种看淡钱财的安全与从容。

那些躲在自己的世界里每天盘算别人，等待别人打救的人；那些躺在安乐窝里不需要为钱发愁却整日里害怕失去而诚惶诚恐的人；那些不会给予，只会索取，通过依赖来获得内心一点儿安全感的人；能够做些什么？

如果你真的是一个没有安全感的人，而且也希望得到安全感，你所要做地就是在自己最恐惧的地方，无条件地去帮助一个人或一些人。帮助别人，你会感到自己是最有安全感的，只要自己坚持，就永远不会失败。

我们可以从美国心灵女王奥普拉在2008年斯坦福的毕业典礼上说的那段话看到给予的力量：如果你受了伤，你要帮助他人减轻伤痛。如果你感到痛苦，就去帮助他人减轻痛苦。如果你的生活一团糟，就去帮助其他处在困境中的人摆脱困境。

请记住，安全感来自于给予别人，而不是向别人索取。

改变自己，比改变环境更重要

一桶新鲜的水，如果放着不用，不久就会变臭；一名优秀的员工，如果不能经常改进自己的工作，就会被时代淘汰。

因此，每天走进办公室之前，我们都应该清理一下自己的思路，想一想“今天我应该在哪一方面改进自己的工作？”“我还需要学习什么知识？”或者“我哪里可以变得更好？”如果能很快找到这一系列的答案，你就可以从容面对崭新的一天了。

周强大学毕业后在一家大公司打工，虽然公司里人才济济，自己只不过是个毫不起眼的小职员，但一直在为自己的未来做着储备。他准备着，不断充电、学习，并着手改进自己的工作，使之更有效率。

当大家按部就班地工作时，他却发明自己的方式，更有效率地完成每一项任务。不久，他就因成绩突出崭露头角，得到了上司的肯定，并被迅速提拔。但周强并不因此满足，他变得更加努力。随着新的创意不断浮现，他在不断地建立自信，也在创造着新的工作方式。事实上，他是把工作当作一个项目来经营，并以实际行动向大家表明：我热爱我的工作，我会做得更好，我会创造更好的成绩！

周强有着良好的工作心态，因此他能够不断改进自己的工作。而我们周围很多人，总是抱着得过且过的心态来对待自己的工作，他们从未想过自己的工作还能更有效率。他们，他们常常被工作弄得焦头烂额，却始终不明白问题究竟出在哪里！

其实，如果你的工作状态不能尽如人意，或者繁忙的工作搞得你手忙脚乱，这就说明你的工作需要改进了。作为公司的一名职员，只有不断地从学习中吸收新思想，不断地提升自己的思考能力，才能够在工作中获得不断改进的方法。

也只有善于自我改进、自我超越的人，才会警觉到自己的无知及能力的不足，才能不断地发展自我、完善自我，向成功的目标迈进。

下面有八项要点，告诉大家如何改进你的工作：

1. 注意劳逸结合。否则一味苦干，迟早将因不堪重负而累倒。尽量去除紧张情绪，莫钻牛角尖，对于无法解决的事情不妨暂时搁置一旁。

2. 热爱你的工作。如果从心底厌恶自己的工作，做起事来必将事倍功半，难以顺利成功，所以必须热爱你的工作，愉快的心情可以极大地提高工作效率。

3. 制订完整的工作计划。在每一个阶段开始之前，务必制订完整的工作计划，并循序完成每一个步骤。

4. 切忌急躁。做事须冷静地一步步完成，一旦想要在短时间内完成过重的工作，整个心事将无法安定下来，如此则不但乱了手脚，甚至导致错误百出。

5. 保持良好的工作态度。如果一开头就抱着得过且过，或多一事不如少一事的工作态度，那么任何工作做起来都寸步难行。

6. 掌握必要的知识和技巧。所谓“知识就是力量”，有了正确的知识与技巧，则任何事均可轻易完成。

7. 学会调整情绪。面临工作的挑战，放松心情，不要勉强自己在恶劣的情绪下做事。

8. 今日事今日毕。今天的事情一旦耽搁到明天，势必越积越多，最终难以继续完成。

“今天，我应该在哪里改进自己的工作？”如果你能在工作中把这句话当做自己的格言，它就会产生巨大的作用。如果你随时随地地要求自己不断改变、不断进步，你的工作能力就会达到一般人难以企及的高度。

总之，没有一个公司喜欢墨守成规、不思进取的员工。改进自己的工作方法、改变自己的工作思路、积极提高工作效率是每个员工必须努力去做的事。因此，你必须具有主动改变、主动创新、主动进取的意识和能力。

如果不断改进成为一种习惯，将会受益无穷。一名不断改进的职员，他的魄力、能力、工作态度、负责精神都将会为他带来巨大的收益。

第四章 安逸的状态，其实是最危险的

安逸的生活看起来安稳无忧，其实是最危险的。因为世界在改变，你的稳定生活早晚会被打破。与其被动等待，不如主动改变。以一个全新的自我，去迎接未来的挑战。也许，在不断变化的过程中，你会获得不一样的人生体验。

想要升职，就先让自己变强大

俗话说“人往高处走”，想尽办法升迁，是无可厚非之事。但并非想升就能升，而必须具备有助于升迁的条件。换句话说，只有让自己变得更强大，更有能力，你才有资格爬得更高。能力是一把梯子，决定你能爬多高。

当然，能力并不是个简单的观念，主要有以下四个部分组成：

1. 技巧：能将困难或复杂的技术简单化。
2. 知识：具备有关的、已经组织好的信息，而且能够运用自如。
3. 态度：表现出高水准的积极的情绪倾向和意愿。
4. 信念：对自己完美的表现有信心。

如果想升迁的话，现有的能力永远是不够的。假设你是一个普通职员，想爬到主管位置上，那么，你现在的专业技能显然不够用，你需要具备相应的管理能力，以便管理下属；还需要熟悉相关部门的知识，以便跟他们合作，等等。如果这些能力还不具备，就应该尽快学习。等爬上去再学习的想法是不现实的，谁愿意将某个职位交给一个暂时还不胜任的人呢？除非那些任人唯亲的人才会如此。

并非所有能力都有助于你的发展，也没有一种能力可以适用于各种职业。寻求新的发展，意味着所获取新能力，而且必须以事业为主，必须清楚自己所必需的能力，以及促使自己表现非凡的能力。

如果自认为升迁成功是你的必然，不妨使用下面的个人发展技巧：

1. 明确地认识下一个职位目标。

2. 把此刻正担任着你所渴望扮演之角色的人列出来。

3. 尽可能客观地按表现“成功”和“不成功”将他们分类。

4. 分别去认识表现成功和表现不成功的人。

5. 尽可能弄清他们成功或不成功的原因。

6. 问明哪种做法有助于成功，并仔细把这种做法的特点写下来。

7. 比较“最好”和“最差”的做法，看着它们差别在哪里。

8. 在工作机构外，观察你所崇拜的表现成功的人士，以得出结论。

9. 参考教科书、传记等等，以便获得不同的看法。

10. 把所崇拜角色的突出能力，详细写出来。

11. 把所需的能力和自己目前的能力作个比较，并为填补这道鸿沟而拟定行动计划。

12. 能力分析的关键在于对业已扮演该角色的人士做详细研究，这就需要观察并积极倾听他人的叙述。希望出人头地是无可厚非的，但这却不是个人的事情。当你在节节上升之际，无形中会与其他同事竞争，这时候知己知彼则显得尤为重要。

在这个日新月异的时代，面对突如其来的变化，你可以抱怨；面对变化，你可以浮躁；面对变化，你也可以一直等待…… 但这都是你的初始表现 。对于周围事物的变化，我们更需要有一颗容纳和理解的心，尽快适应新变化，也许这个变化恰好是你成功之路的起点——一扇有益之门正向你打开呢！

好功夫也要时常演练一番

在武侠小说里，有很多风流一时的大侠豪客，在经过勤学苦练而扬名天下之后，就认为自己从此以后万事无忧，从而终日玩乐，不思进取。不难想象，故事最终的结果是，那些武功日益生疏的大侠们，往往会被最新崛起的武林新秀击倒。在他们倒下去的一刹那，仍然不能相信自己会被一个毛头小子打败。

长江后浪推前浪，前浪死在沙滩上，现实就是这么残酷。

在这个科技进步日新月异的社会里，如果你总是沉迷于安逸的环境，缺乏必要的锻炼，很快就会被这个社会所淘汰。曾经听过这样一个故事：

有一位成功的企业家，他拥有一家五星级大酒店，资产几十亿。按理说功成名就早该刀枪入库马放南山了，可这位企业家却很是让人费解，他时常从他那宽大的总经理办公室中走出来，穿上工作服来到后厨，煎炒烹饪一番，还和厨师们共同研讨，不断增加新菜品。别人若问，他便给那些手下讲述了一个他当学徒时发生的一件事，这位企业家回忆道：

“那是我当学徒的第三年。我们那所学校并不是全日制学校，学员随时可以来，随时可以走。别人一般只学一年就走了，因为学一年就能拿到三级厨师证，就可以到饭店里挣钱了。只有我，在那里学了三年，新来的学弟学妹都管我叫大师兄。我在班里成绩最好，悟性也高，我的老师，一名特三级厨师就把带新生的任务交给了我。

可以说，我帮了老师很大的忙。那一年，他显得非常轻松。上课时，他讲理论，而实际演示则全有我来操作，他只是在一旁讲解。那一天，不知是为什么，也许是一时冲动，也许是心血来潮，我的老师突然系上围裙要为学员们亲自操作一番，我只好退到一旁为他打下手。从一开始，我就看出他已经有些生疏了，毕竟都快一年没上灶了，我为他捏了一把汗。果然，在掂勺时，火呼呼着起来后，他一慌神，炒勺脱手掉在灶上翻了，他的手也被烧伤了。

我们灭了火，他还站在那而一动不动。我扶着他上医院，处理完伤口，他对我说了一句话：记住，如果热爱它，就永远别让它生疏。自此以后，老师退休回家，再也没有收过徒弟，更没对人提起过他曾是个特三级厨师。”

在现实生活中，又有多少人能像朋友这样认真对待自己的工作呢？有的人出了一本书，写了一篇好文章，混了个作家的头衔后，就再难看到他的力作了；有的人唱了一首好歌，被捧成明星，却再难听到他唱出的新歌了；更有成千上万的家长，逼孩子学琴学画学舞蹈，将来好让孩子当个艺术家，却不管孩子是否真正喜欢它、热爱它。前者吃老本，以“当年勇”自居，不求创新、不求上进，后者好高骛远，无的放失，抹杀了孩子的天性和潜能。无疑，这都不是真正的热爱，而是对自己及他人的不负责任。

这位企业家创业不易，酒馆由小到大，由大到强，每一步都付出了很多的心血。可无论怎样，他始终没有忘记自己是个厨师，而且也是一个拥有特三级证书的厨师。在这位企业家心中，这个身份远比他的总经理头衔更重要。为不枉这个身份，他时刻都在不懈努力，坚持不懈的不断进取。

不断学习新技能，适应新需要

如今，社会发展一日千里，市场经济千变万化，人才的需求也随之不断改变。越来越多的职场中人开始感到了危机，那是一种对自己原有的知识结构、知识层次不满意而产生的彻骨的危机感。

于是，很多人开始走进课堂充电加油。因为他们心里清楚，眼下市场竞争激烈，求职时只顾眼前利益，不考虑长远因素显然是不行的，在职充电已是大势所趋。

如果停止学习，别说晋升了，恐怕现有的饭碗都保不住!

职业半衰期越来越短，所有高薪者若不学习，无须 5 年就会变成低薪！人才处于不断折旧中，而学习是防止人才折旧的最好方法。人才市场也随之出现了新的概念，由原来的高学历、高职称就是人才，转向“有需要才是人才”。

未来社会只有两种人：一种是忙得要死的人，因为工作和学习；另外一种是找不到工作的人。来自人才市场的信息已表明，现在的人才市场对英语人才的需要已经由原来的纯英语人才转向更青睐法律英语、金融英语等复合型人才；IT 行业更是如此，由原来的单一 IT 人才转向更看重 IT+ 管理、IT+ 产品研发等复合型 IT 人才，单一型人才的地位眼看难保。

因此，要想保住自己的职位，并谋取进一步的晋升，必须多争取一些培训机会。

大势所趋，在不少单位的招聘广告中，“培训机会”已被写在了显赫的位置上。随着信息时代新知识的膨胀性扩展，企业管理人员最终意识到，企业内部人力资源必须通过不断地开发，企业员工所具有的知识与技能才能完成再生及再利用，否则这种“易耗型资源”将会随时消耗殆尽。在高工资之外，人们更渴望公司提供培训教程。某杂志表示，管理者必须与从业人员进行更有效的交流，提供使专业人员提高技能的机会以及由公司负担的学习进修机会。

事实上，在单位不能满足自己时，有心机的白领们早已自掏腰包开始接受“再教育”。工商管理、计算机、财务、英语等都是比较热门的项目，这类培训更多意义上被当作一种“补品”。在以后的职场冲浪中，这些培训将化作各种资格证书，在求职或跳槽时增加跳槽者的“分量”，有时学历证书反倒排在了后头。

随着职场进入了后学历时代，学历之外的“素质训练”将被用来证明你比别人更优秀。

增加你的学识，打造全新的自我。如果你想进一步提高自己的管理水平和工作技能，增加自己的学识，从而尽快达到职场精英的水平，参加一些培训是必要的。但是，获得提高的最好方法未必是坐在教室里，接受老师“正规”的培训。那么，除了“正规”的培训之外，还有哪些方法可以提高技能、增加知识呢？

（一）独立式学习

独立式学习就是让学习者独立完成一项具有挑战性工作。听起来不像是培训，但是这种潜在的培训价值很快就会在员工工作中显露出来。试想在整个工作中，他必须合理地安排每一项工作。

步骤：在什么时间达到怎样的目标；决定采取哪种工作方式、哪种技能；当工作中遇到困难的时候，他得自己去想办法，拿出一些具有创造性的解决方案。这对于培养他独立思考和创造性的能力都是很有好处的。这种学习方式也有利于促进学习者为独立完成工作去学习新的技能、迎接更大的挑战。

（二）贴身式学习

这种培训是安排学习者在一段时间内跟随“师傅”一起工作，观察“师傅”是如何工作的，并从中学到一些新技能。学习者如同“师傅”的影子，这就要求“师傅”必须有足够的、适合的技能传授给那个“影子”，而且“师傅”还需要留出一定的时间来解决工作中存在的问题，并随时回答“影子”提出的各种问题。这种培训方式在需要手工完成任务的领域较为常见，它不仅锻炼了员工的动手能力，还提高了他们的观察能力，增加了他们的学识。

（三）开放式学习

这种学习方法给接受培训的人以较大的自由，学习者可以自由地选择学习的时间和学习的内容。学习的内容根据工作需要可以是管理课程，也可以是计算机编程方面的知识，或者是他们感兴趣的、对他们在工作中有用的一些知识。他们可以到图书馆里去自修，还可以请公司的业务顾问帮忙。有的公司甚至要求学习者在一段时间内阅读一些与他们工作相关的书籍，然后在公司的培训会上讲演。

（四）度假式学习

有些公司通常会允许或安排某些业务骨干每星期有一天或者半天不到公司上班，让他们到工商管理大学去学习短期培训课程，并希望他们学成后，能够将这些理论知识应用到工作中解决实际问题。这就是所谓的“度假式学习”。通常员工也会利用这个“假期”获得相关的资格证书。

（五）轮换式学习

在某些公司，我们通常会看到这样一个现象：一位经理前两年在公司的一个部门任职，而接下来的两年，却转入另一个部门任职，这就是所谓的“工作轮换”。它适用大大小小的公司。一般公司规定一两年内某些管理者的岗位就可以轮换一次。到那时，新的岗位，新的职位，新的员工，新的问题，一切从头开始，这样做有利于培养出全能人才。

任何时候，都不要自我设限

一个人的能力，好像水蒸气一般，不受任何拘束，没有限制。除了你自己，谁都无法把它装进固定的瓶子里。你如果把所有的能力都发挥出来，其能量无疑是非常巨大的。

然而事实上，这种情况非常少。

有个小孩子，总被另一个大孩子欺负，经常被打得鼻青脸肿。

每次挨了打，小孩子就哭哭啼啼地跑回家，向母亲述说委屈。孩子的母亲十分气愤，对他训斥说：“你这个笨小子，怎么不反抗呢？去，把那家伙揍趴下！”

“我不敢，”孩子哭着说，“我打不过他。”

“唉，你这个胆小鬼。”母亲摇摇头。

后来，小孩子长大了，而且身强体壮，但他仍然受着那个大孩子的欺负。尽管他足足高过大孩子一个头，可仍然不敢反抗。

有一天，小孩子的母亲出门买菜。在大街上看见了儿子，只见人高马大的他竟蹲在地上，双手抱头，任凭一个小个子拳打脚踢。

“儿子，站起来！”母亲气得大叫，“你要像个男子汉，快还手啊。”

听到母亲的呼唤，儿子猛然跳了起来，一拳就把小个子打倒在地。小个子逃走了，可儿子仍然傻愣愣地站在原地，不知所措。那个小个子，就是以前欺负他的大孩子。

“原来，我可以打过他的。”儿子对母亲这样说。

因为自卑，人们总是给自己的能力设定一个界限。一旦超越，就惊讶的不得了：“怎么回事，我根本做不到的呀？也许是运气太好了吧。”

于是，你把所有的成功归结于运气。当下一次遇到相同的机会，你仍然没有信心去抓住它。你只是想，上次只是运气而已，这次恐怕不会再成功了吧？万一失败了怎么办？

你彷徨，你犹豫，可是机会早已经逃之夭夭了。

相信自己的能力，无论任何时候，都不要给自我设限。如果遇到困难，你总认为自己的能力无法克服，久而久之，任何困难都能把你打倒。

当你害怕大狗时，一只小狗也敢过来咬你一口。

不要自我设限，更不要以为自己永远无法成功。就算你现在事业无成，也要相信自己的能力，与那些成功者不相上下。

一个成功者处理任何事时绝不吞吞吐吐、模棱两可。他全身都充满了魄力，使他不必依靠他人，而能独立自主。那些毫无成就的人既无自信力，本身的能力又空虚异常，他的姿态总是一幅日暮途穷的样子，他的谈吐和工作处处表示他已无能为力了。

自信心对于事业简直是一种奇迹，有了它，你的才干就可以取之不尽，用之不竭。相反，一个没有自信心的人，无论有多大本领，也不能抓住任何机会。他遇到重要关头，总是不肯把所有的本领都表现出来，明明可以成功的事，结果却往往弄得惨不忍睹。

相信自己的能力，无论任何时候，都不要给自我设限。如果遇到困难，你总认为自己的能力无法克服，久而久之，任何困难都能把你打倒。

从“不可能”到“一定能”

你怎么看待这个世界并不那么重要，最重要的是你如何看待自己。因为你对自己的看法，决定了你对这个世界的看法。

接到任务，不要动不动就说“不可能”。面对工作，你只能有一个信念，那就是：一定能！有了这种心态，任何难题都会迎刃而解。

其实，很多事情，虽然表面看起来不可能成功，但只要有人努力去做，十有八九会做成功。因为很多看似“不可能”的工作，困难只是被人为地夸大了。当你冷静分析、耐心梳理，把它“普通化”后，你常常可以想出很有条理的解决方案。

于是，人们常常感慨：“原来成功并没有想象的那么高不可攀！”

在自然界中，有一种十分有趣的动物，叫做大黄蜂。曾经有许多生物学家、物理学家、社会行为学家，联合起来研究这一种生物。

大黄蜂之所以引起这么多学者的关注，就在它特殊的体态。根据生物学的观点，所有会飞的动物，其条件必然是体态轻盈、翅膀宽大；而大黄蜂这种生物，却正好完全相反。它的身躯十分笨重，而翅膀却是出奇地短小。依照生物学的理论，大黄蜂是绝对飞不起来的。

物理学家则强调，大黄蜂身体与翅膀的比例，从流体力学的原理看，绝对没有飞行的可能。总之一句话，大黄蜂这种生物，根本是不可能飞得起来的。

然而，只要是正常的大黄蜂，却没有一只是不能飞的；甚至于，它们飞行的速度，并不比其他飞行动物来得差。这种现象，仿佛是大自然和科学家们开的一个很大的玩笑。

最后，社会行为学家找到了这个问题的答案。很简单，那就是——大黄蜂根本不懂“生物学”与“流体力学”。

每一只大黄蜂在成熟之后，本能就让它很清楚地知道，它一定要飞起来去觅食，否则就必定会活活饿死！这正是大黄蜂之所以能够飞得那么好的奥秘。

我们来设想一下，如果大黄蜂能够接受教育，学了生物学和流体力学，很清楚地知道了自己身体与翅膀的设计完全不适合飞行，那么，这只学会告诉自己“不可能会飞”的大黄蜂，还能够飞得起来吗?

为了回答这一问题，我们不妨拿另一个故事来作为参照。说一只鹰从小就生活在鸡窝里，所有的鸡都告诉它“你不可能会飞”。结果这只鹰就真的丧失了飞行能力，它像一只普通的鸡一样度过了平凡的一生。

你怎么看待这个世界并不那么重要，最重要的是你如何看待自己。因为你对自己的看法，决定了你对这个世界的看法。

事实上，人有许多潜在的能力，只有到了紧急情况下才可能发挥出来。在日常生活中，这些紧急能力是潜伏着的。只要你有足够的信念，就一定将这些潜能发掘出来。

当亨利·福特决定生产著名的 v-8 型汽车时，他选择制造一组 8 汽缸型的发动机，并指示工程师们去设计这种发动机。工程师们同意照办，可设计一直都停留在纸上，因为在他们看来，制造8汽缸发动机对任何人来说都是不可能的。

福特说：“无论如何要生产出来。”

“但是，”他们回答，“这是不可能的！”

“接着干，”福特说，“我需要它，我会拥有它。”

他们只好继续试验，好像受到某种魔力的冲击。通过一年多的辛苦工作，尝试了各种方法，最后他们终于找到了秘诀。

可见，要想走出“不可能”这一自我否定的阴影，你必须有充分的自信。相信自己，用信心支撑自己完成在别人眼中不可能完成的工作。

当然，在灌注信心的同时，你必须了解这些工作为什么被称为“不可能完成”，针对工作中的种种“不可能”，看看自己是否具有一定挑战力，如果没有，先把自身功夫做足做硬，“有了金刚钻，再揽瓷器活儿”。须知道，挑战“不可能完成”的工作常有两种结果，成功或失败。而你的挑战力往往使两者只有一线之差，不可不慎。

即使离开，也要保持你的自信

当过兵的朋友，想必都听过这样一句话：“铁打的营盘流水的兵。”其实，在军队是如此，职场又何尝不是如此？职场是一个非常活跃的地方，人才流动也属平常。但很多人却不能适应这种变化，他们在这个变化的职场中，显得彷徨失措。

于是，他们不可避免地陷入了职业彷徨期，不知道如何才能求得新发展，工作动力缺乏，对未来失去信心，内心充满了抵触情绪。有些思想偏激的人，甚至对即将离开的公司做出种种报复行为。这不但是职场缺氧的表现，更是不自信的表现。

大学毕业后，叶子应聘到一家贸易公司。初来乍到，要学习的东西很多，每天忙忙碌碌，除了专注眼前自己的工作，根本无暇顾及他人。但是就在叶子来公司半年后，她的目光第一次被工作之外的事情吸引了——曾带过叶子的董姐辞职了。

而叶子注意到这件事的原因，是她在离职时竟然发泄私愤，把电脑里的文档资料、合同底稿、企划文案等全部删掉了，留给继任者的是一部重新格式化了的电脑，继任者要什么没什么，一切从头做起，连续几天加班，苦不堪言。

不仅如此，临走时，她还对叶子们这些后来者出言不逊："你们也别在这里卖命了，卖命的结果肯定跟我一样，不，比我还惨！"

因为她曾经带过叶子，领导让叶子转告她，她的移交手续没有办清，请再来一趟。叶子打电话给她，婉转地请她来一趟。谁知，她怒气冲冲地对叶子说："告诉他，让他死去吧。"叶子握着电话目瞪口呆。

董姐的走，让叶子见识了什么叫怨妇，职场上的怨妇。

转眼三年过去了，叶子也从一个没有任何工作经验的青涩毕业生成长为一个业务熟练的资深员工。然而，随着一场经济危机的到来，公司不得不展开了一场大裁员行动，叶子也被划入了被裁员的行列。

从接到裁员通知的那一刻起，叶子就开始不动声色地准备离职了。想到自己刚出校门便进入这家公司得到锻炼，叶子心里对领导、对公司充满了感激，当晚叶子写了一封感谢信，信中充满对老总、同事以及团队的感激之情。第二天，叶子将辞职书以及感谢信递给老总，说：“王总，这几年，我跟随您成功地打赢了好多场商战。在这里，我不但提高了业务能力，还学到了许多做人的道理。现在虽然不得不离开，但我希望能在临走前，把我的感谢信在例会上读一读……”

那天，叶子根据自己三年细心的观察，针对具体情况给公司提了一些意见和建议。老总边听边点头，听完后，他感动地说：“一个即将离职的人临走前还对公司的事务这么上心，真是难能可贵。”

公司规定，员工在离职前，有义务培养好接替离职员工的人选。为了降低辞职可能给公司带来的损失，叶子根据老总的指派开始重点培养一个接替叶子的员工，叶子热情地传、帮、带，短短一个月的时间，她基本上就可以顶替叶子的日常工作了。

离职的日子越来越近，叶子更是早去晚归，想站好最后一班岗。她不但提前培养出了接班人，并把工作打理得井井有条。当时临近年终，公司还把叶子的年终奖金提前发了。

按照叶子与老总的约定，在周五下午的例会上，老总将公布叶子离职的事情，同时，由叶子宣读感谢信。叶子的辞职让大家很意外，但是叶子的感谢信让每个人都感到了温暖。以至于在读感谢信的时候，好几次都被大家热烈的掌声打断。老总破例在会议上宣布：“感谢小艾这几年给公司做出的贡献，这个月的公司聚餐提前到今天下午下班后，算是给小艾饯行。”用聚餐的方式给辞职的员工饯行，这在公司还是第一次。

饭后，叶子给大家鞠了一躬，算是正式告别。离开不久，叶子收到同事的手机短信：“小艾，叶子们一致认为你转身离开的姿势非常优雅！”

很多人由于被公司辞退，而使自信心变得支离破碎，其实这完全没有必要。职场充满了各种不确定因素，一个员工被辞退也有很多原因，并不一定是因为你的能力不行。所以，你完全没必要因为一次离职而对自己失去信心，更没有必要自暴自弃。

即使离开，你也要保持你的自信。

跨越自卑，做人生的主宰

有一人身为董事长，每次开董事会的时候，他却总是蹑手蹑脚地走进会议室。就好像是一个无足轻重的人，就好像他完全不胜任董事长的职位。他甚至还感到奇怪，自己为什么在董事会中威信这么低，竟然很少有人尊重他！

他没有意识到，正是他给自己全身都贴满“降价”的标签！每天，他像一个无足轻重的人那样立身处世，给人的印象是这样不自信，如何能得到别人的尊重？。

世人因自卑而痛苦者往往如是！

无数事实证明，很多人之所以会失败，就是因为他们太自卑。他们总是忍不住问：“像我这样的人也能成功吗？”有的人竟然这样认为：“假如我也能发财，那全天下的人都会发财了。”这样的人，实在傻得可怜！

因为自卑，总认为自己不行，所以他们做起事来畏首畏尾，“我不行”“我干不了”成了他们习惯性的思想。其实，他们并不笨，也不是没有才能，只是心中对自己没有一个客观的评价，盲目地否定自我，从而丧失了信心，以至于对目标浅尝辄止。

实际上，只要跨越了自卑，你就能成为人生的主宰。

想当初，法国大文豪维克多·雨果被当权者驱逐出境，流落到英吉利海峡的泽西岛上，同时又被病魔缠身。而更可怕的，他还被深深的自卑困扰着。

在那段日子里，雨果每天都久久地坐在能够俯瞰海港的一张长椅上，凝视落日，陷入冥思苦想之中。然后，他总是缓缓但却坚定地站起来，在地上捡起石头，一块块地掷向大海。掷完了，就带着满足的心情和变得开朗的神情离去。

他天天如此，终于引起了人们的注意。

一天，一个大胆的孩子走上前来问他："为什么你要跑来这里，向海里投这么多的石头？"雨果沉默了一会儿，然后严肃地说："孩子，我扔到海里的不是石头，我扔掉的是'自卑'。"

雨果终于没有让那无益的自卑夺去自己的斗志，而是用自信战胜了它。他因而也战胜了逆境，成就了自己的事业。

雨果使用了一个极为聪明的方法，他借助有形的石头将无形的自卑感扔进了大海，同时也将而那些长久以来困惑他的不安感驱逐殆尽。结果，他也确实转变了自己的思考意念，并让他的潜在能力也获得了自由地发挥。

只要扔掉自卑，拥有自信，你就有了前进的勇气与力量，就有了奋斗的动力，从而能克服重重困难，战胜失败与挫折，最终达到成功的彼岸。

梁启超说：“凡任天下大事者，不可无自信心。每处一事，既看得透彻，自信得过，则以一往无前之勇赴之，以百折不挠之耐力持之。虽千山万岳，一时崩溃而不以为意。虽怒涛惊澜，蓦然号于脚下，而不改其容。”信心的力量是如此巨大，有了自信，就有了顽强的精神和意志，从而战能胜自己，战胜重重困难。

一个自信的人，在前进的道路上，总能不畏险滩、不畏暗礁，从容不迫，跌倒了顽强地爬起来。这样的人，才能获得成功的青睐。

奥格斯特·史勒格说：“在真实的生命里，每桩伟业都由信心开始，并由信心跨出第一步。”信心是成功的助推器，有了它，人们才会有动力，向着目标迈进；没有它，人就会心存疑惑，并注定会走向失败。

记住，跨越自卑，你就是人生的主宰。

一个人有了信心，就没有做不成的事。卢梭说：“自信心对于一个人的事业简直是奇迹，有了它，你的才智就可以取之不尽。一个没有自信心的人，无论有多么大的才能，也不会有成功的机会。”

经营自身，改变你的世界

一人一世界，就是说，每个人眼中的世界都不相同。

穷人的世界到处都是贫穷，富人的世界满是财富；失败者的世界充满了凄风苦雨，成功者的世界到处是鲜花和掌声。

然而，每个人的世界也并不是一成不变的。穷人可以通过努力，拥有充满财富的世界；失败者也可以走进成功……你需要的，只是足够的自信。

现在，你是在为自己工作，同时你也热爱自己的工作。并且，你准备通过工作来改变自己的人生。但你也许还缺少一点自信，这也是很多人最终半途而废的原因。

如果你对自己没有信心，对工作没有信心，那么，即使有再大的热情，也会被一次次挫折和失败的冷水所浇灭。

一个人成就的大小，取决于其自信程度。如果拿破仑没有自信，那他的军队决不能成功地翻越阿尔卑斯山；如果刘翔没有自信，那他也不可能在奥运会上夺取世界田径金牌。同样，如果你怀疑自己的能力，对成功的信心不足，那你的一生也不会成就伟大的事业。可以说，自卑被自信超越之日，便是生命之花怒放之时。

那么，一个人如何建立自信呢？

方法有很多，比如，你可以记住、理解并时常重复着说：我是最棒的，我一定能成功！这是自我暗示的一种形式，是取得成功的一句自我激励语。

让我们来看看英语狂人李阳是怎样建立自信，并改变自己的世界的。

李阳原本性格封闭，最不爱在当众说话，但又渴求当众说话。为了改变自己的世界，他决定用英语挑战自我。

他的激励语与众不同：I enjoy lose face !（我热爱丢脸！）现在看来，李阳的成功秘诀正是不怕丢脸！他说："成功人的常态在普通人看来就是变态。"

为了战胜不敢当众讲话的自卑感，李阳把自己的学习心得写成40多页的演讲稿，要在全校大声演讲。他让同学贴出海报，说有一个叫李阳的小子要开一个英语学习讲座。

那天晚上，用李阳的话说是“紧张得想呕吐”，可他还是登上了讲台，气喘吁吁地地完成了演讲。想不到，这次演讲居然一举成功了！此后，他又走出校园进行了几十场演讲，一下子成了校园名人！

您是否相信自己的能力呢？如果你的回答是否定的，那你将无法获得真正的成功，更不可能得到真正幸福。因为健全的自信往往是导致成功的关键，而自卑感和无能感却常常是达到目标或希望的障碍；与此相应，自信会帮助你发挥更大的潜能，以实现愿望。

第五章 拒绝拖延，迎接新的挑战

很多人日复一日，每天做着重复的工作，过着安逸的生活。他们被困在生活的怪圈中，不敢真正走出去。即使外面的世界再多精彩，他们也不敢去轻易走出去。他们害怕不确定性，害怕改变，然而，真正稳定的生活恰恰孕育在不稳定中。

拖延是一种恶习

在我们的人生道路上，大多逆境局面的形成，都与不良习惯有关。当吃尽了坏习惯造成的苦头后，我们才会下定决心将其改掉，然后我们会给自己制订计划，并想要实施，而这时另一个坏习惯又会向你逼近，那就是拖延。拖延这一恶习一旦开始发挥作用，整个计划便失去了执行的可能，这样，恶习依旧会存在于我们的生活中，继续给自己制造困扰。

你是一个有拖延习惯的人吗？

当我们开始为将要且必须要做的事情找借口时，说明拖延这一恶习已经在我们头脑中扎根了。拖延是一种不折不扣的恶习，一位成功学家就拖延给我们造成的损失曾这样说："假如能把你的借口换成美元的话，相信你的财富会超过比尔·盖茨。"

富兰克林也说："掌握今日即是拥有两倍的明日。"而当我们不能做到今日事今日毕，而把它拖到明日时，那么完成同一件事情所需要的时间，将至少超出正常时间的两倍甚至更多。

拖延是人性中的弱点之一。作为一种消极心态，拖延来自于人类的软弱、自私自利和犹豫不定。

曾有一个喜欢拖延的人，在其自白书中这样写道：

在我20多岁的生命里，曾有7年时间不知快乐为何物，因为在离开大学城之前我没有完成硕士学位论文。离开之后，因为自我约束力日渐消失，所以7年来，我没有读过一本书，因为我总“应该”写论文，但却一直不曾真正开始去做。但内疚、自责和失败感却没有离我而去。它成了无形的绳子，一直绕着我的脖子。那真是痛苦的回忆。

我真希望能告诉你，我不想再拖延了，但我没能做到。在我找到一份工作后。老板公布了一项任命书：“来福利，硕士，刚被任命为……”当我看见这份文件时，脸色顿时变得苍白。我说：“可是，我告诉过你我还没拿到硕士学位。”老板温和地笑了，目光中透着坚定，“口试时，你告诉过我你的论文快要写完了，我相信你能拿到学位。”

事实上，我真的拿到了！我首先向学校申请延期，然后连续6周天天晚上下班后写论文。在飞回母校参加答辩的路上，我第一次痛快地读书消遣。我发誓从今以后再也不让拖延这一恶习毁掉我的生活了。作为奖励，我给自己安排了欧洲之行。我的论文写得很不错，让我顺利拿到了学位，当然欧洲之行同样令人愉快。直到今天，我都非常感谢老板对我的殷切期望。”

你是否也像他一样，经历过或正在经历着拖延的折磨？

不要总是自欺欺人地暗示自己：只需等待，美好的未来便会自然而然地到来。希望不在明天，更不在将来的某个时刻里。而是在现在，在我们自己脚下。我们应该学会从今天开始，从现在开始，而不是用一个期待来望梅止渴。

当然，不知道自己该做什么并不是拖延，只能说明我们正在思索，而拖延则是在我们知道自己该做什么，怎样去做的情况下，却拖延着不去做。对于习惯拖延的人而言，只需要一个小小的借口就能让自己心安理得地把原本今天应该完成的事情，拖延至明天、后天甚至到最后不了了之了。

还记得那首自己很小的时候就开始背诵的诗吗？

明日复明日，

明日何其多，

我生待明日，

万事成蹉跎。

喜欢拖延的人之所以会拖延成瘾，关键就在于他们总能给自己找到一个可以让自己心安理得的理由。在一本《要结果，不要理由》的书中，作者提出了一个相当明确的观点：结果第一，理由第二。意思就是说，在没有达到既定的目标之前，任何理由都是苍白无力的。

拖延往往会使解决问题的难度成倍地增大，所以当我们想要为拖延找借口时，可以想想这样做的不良后果。那么在日常生活中，拖延的表现形式都有哪些呢？它的表现形式是多种多样的，轻重也会相应地有所不同，它的主要表现形式有：

把本来应该今天完成的事情，拖延到明天，甚至是以后有时间再去完成。

被那些杂乱的琐事缠身，以致无法聚精会神地去做重要的事情。

做事情拖拖拉拉，有着一种病态的悠闲。

只有被上司逼着才会向前走，从来不愿意自己主动解决问题。

反复修改计划，有着极端的完美主义倾向。

想下定决心立刻行动，但就是找不到行动的方法。

知名作家玛丽亚·埃奇沃斯在书中写道：“如果不趁着一股新鲜劲儿，今天就把自己的想法主意付诸实施，那么，明天你同样不可能有机会将它们付诸实践；它们或者在你的忙忙碌碌中消散、消失和消亡，或者陷入和迷失在好逸恶劳的泥沼之中。”

如果我们希望自己能够成为一名行动者，那么，我们必须从今天做起。如果我们总是把问题留到明天，那么，明天也许就是宣判我们失败的日子。

那些有着拖延习惯或正处于拖延状态的人，他们的意志力和毅力会慢慢被侵蚀掉，然后使其处于一种恶性循环中。而此时，苦恼、自责、悔恨也会随之而来，但这一切都将无济于事，最终我们只能在无力自拔中庸庸碌碌、一事无成。

你想走出拖延的泥潭吗？相信答案一定是肯定的。那么这个动机在你脑海中曾经浮起过多少次呢？我想，我想，我们一直在想，但为什么就是不能马上去做呢？树上栖息着五只鸟，现在，其中有三只准备飞走。还剩下几只？还剩五只！打算飞走和真的飞走永远都是不相交的二条平行线，不是一码事。想和做也是如此。

实际行动是实现一切改变的必要条件。假如不马上行动，而是想得太多，思索得太多，最终都会以没有任何实际行动而以失败告终。所以，不要把期待留在明天，想成就自己，就要从今天开始做起！

永远对自己充满信心

春秋战国时代，一位父亲和他的儿子出征打仗。父亲已做了将军，儿子还只是马前卒。又一阵号角吹响，战鼓雷鸣了，父亲庄严地托起一个箭囊，其中插着一支箭。父亲郑重对儿子说：“这是家传宝箭，带在身边，力量无穷，但千万不可抽出来。”

那是一个极其精美的箭囊，厚牛皮打制，镶着幽幽泛光的铜边儿，再看露出的箭尾，一眼便能认定用上等的孔雀羽毛制作。儿子喜上眉梢，贪婪地推想箭杆、箭头的模样，耳旁嗖嗖地箭声掠过，敌方的主帅应声折马而毙。

果然，佩戴宝箭的儿子英勇非凡，所向披靡。当鸣金收兵的号角吹响时，儿子再也禁不住得胜的豪气，完全背弃了父亲的叮嘱，强烈的欲望驱赶着他呼一声就拔出宝箭，试图看个究竟。骤然间他惊呆了。一只断箭，箭囊里装着一只折断的箭。我一直挎着支断箭打仗呢！儿子吓出了一身冷汗，仿佛顷刻间失去支柱的房子，意志轰然坍塌。

这个故事的结果是，儿子惨死于乱军之中。

拂开蒙蒙的硝烟，父亲拣起那柄断箭，沉重地叹息道："不相信自己的意志，永远也做不成将军。"

对于一名企业员工，自信是我们职业的分内要求。自信表明了一种对自我能力、优势的认可与肯定，自信可以使一个人认为自己有能力冒风险，接受各种挑战和工作任务，提出要求并尊重承诺。

自信是一个人无论面对挑战还是各种挫折时，对完成一项任务或采用某种有效手段完成任务所表现出来的信念。自信的人通常对自己的各种判断和结论信心十足，尽管他人可以给予自己建议、引导和帮助，但是一旦到了下结论的时候，却必须是自己出面，而且不容置疑。自信人敢于承担失败的责任，敢于就工作中的问题向上级与顾客提出质疑，他们是职业中的佼佼者。

在充满竞争的职场里，在以成败论英雄的工作中，谁能自始至终陪伴你，鼓励你，帮助你呢？不是老板，不是同事，不是下属，也不是朋友，他们都不可能做到这一点。唯有你自己才会伴你走完人生的春夏秋冬，也唯有你自己才能鼓起你的信心，激励你更好地迎接每一次挑战。你可以成就任何事有时，最大的障碍不是攀登本身，而是你自己。

一个优秀的员工最需要具备的态度是相信自己。既要在自己内心里相信自己，也要在老板和同事面前表现出这种自信心。

自信的人敢于尝试新的领域，能更快地发展自己的兴趣和才华，更容易获得成功。自信的人也更快乐，因为他不会时刻担心和提防失败。

1949 年，一位 24 岁的年轻人，充满自信地走进美国通用汽车公司，应聘做会计工作，他只是为了父亲曾说过的通用汽车公司是一家经营良好的公司，并建议他去看一看。

在应试时，他的自信使助理会计检察官印象十分深刻。当时只有一个空缺，而应试员告诉他，那个职位十分艰苦难当，一个新手可能很难应付得来，但他当时只有一个念头，即进入通用汽车公司，展现他足以胜任的能力与超人的规划能力。

当面试员在雇佣这位年轻人之后，曾对他的秘书说过，我刚刚雇佣一个想成为通用汽车公司董事长的人！

这位年轻人就是从 1981 年到现在一直出任通用汽车董事长的罗杰·史密斯。

罗杰刚进公司的第一位朋友阿特·韦斯特回忆说："合作的第一个月中，罗杰正经地告诉我，他将来要成为通用的总裁。"对任何攀登者来说，自信心肯定是必备装备清单上最重要的东西。"自信"的关键在于自己。如果你自己总认为自己不行，你是无法得到自信的。自信的秘密是相信自己有能力。中国古谚："天生我才必有用""一棵草，一点露"，我们每个人都有自己的特性和长处，值得看重和发挥。

坚强的心，就像你捏不坏的花生仁

有人问一位智者："请问，怎样才能成功呢？"

智者笑笑，递给他一个花生："用力捏捏它。"

那人用手一捏，花生壳碎了，只留下了花生仁。

"你搓搓它。"智者说。

那人又照着做了，红色的皮被搓掉了，只留下白白的果实

"再用手捏它。"智者说。

那人用力捏着，却怎么也没法把它毁坏。

当然，什么也搓不下来。

"虽然屡遭挫折，却有一颗坚强的百折不挠的心，这就是成功的秘密。"智者说。

凡是成功者都有一颗百折不挠、勇于进取的恒心，他们在挫折面前从不低头。试想，如果临危之际，只会流泪，怎能得到别人的信赖，更何谈成功呢？恐怕任何人不会喜欢这样无能的领导和员工，早就弃他而去了。

现在许多人在工作中遇到一点儿挫折，就怀疑自己的能力，或是抱怨别人不给自己展现才能的机会，终日无精打采，借酒浇愁。看着你那愁苦样，真有好工作，领导也不会派你去做。

世界上没有任何东西能代替毅力，无论是工作之初，还是创业之初，什么都没有，势力弱小的时候都是很脆弱，容易失败。很多人在失败中倒下去，永远不能站立起来。

只有很少的人，依靠坚定的信念，顽强的毅力，重新来过。屡战屡败，屡败屡战。一个人被打倒一千次，但在一千零一次站起来，上帝也会

发抖，此时胜利之门就会为这样的人打开。

嘉华是某公司的常务董事。又是人事部副总经理，在公司将任命新的人事部经理时，他想，论能力、论资历、论关系，自己肯定出任人事部经理。没想到任命下来，却是一个名不见经传的毛头小子抢了自己的总经理位子，这位副总反而被调到地方工厂任厂长。

期望太高，落差太大，他怎么也承受不了，心里也想不通，一连几天昏昏沉沉，无法去上班。

公司老板把他找去，意味深长地说："你的能力大家都清楚，这次任命你会觉得委屈。但塞翁失马，焉知非福。如果能从困苦中走出来，那才是好样的。地方工厂环境艰苦些，但在那里大事小事，都要你管。不要瞧不起这份工作，一般的人还不一定做得好哩。只要虚心求教，与员工搞好关系，会学到在这里永远学不到的知识。人生的路还很长，多一些历练总是有益的。"

老总的一番话使这位即将上任的厂长，心里好了一些。来到地方工厂后。困难确实很多。但他咬紧牙关挺住了，再过一段时间也不觉得苦了，同时发现了在新工作中的乐趣。

海洋学家做过一个实验，将一只最凶猛的鲨鱼和一群热带鱼放在同一个池子，然后用强化玻璃隔开。最初，鲨鱼每天不断冲撞那块看不到的玻璃，可是它只是徒劳，它始终不能过到对面去，而实验人员每天都放一些鲫鱼在池子里，所以鲨鱼也没缺少猎物。只是它仍想到对面去，想尝尝那美丽的鱼的滋味，每天仍是不断地冲撞那块玻璃，它试了每个角落，每天都是用尽全力，但每次都会弄得全身伤痕累累，而每当玻璃一出现裂痕，实验人员马上加上一块更厚的玻璃。

后来，鲨鱼不再冲撞那块玻璃了，对那些斑斓的热带鱼也不再在意，好像他们只是墙上会动的壁画，它开始等着每天固定会出现的鲫鱼。

实验到了最后阶段，实验人员将玻璃取走，但鲨鱼却没有反应，每天仍在固定的区域游着，它不但对那些热带鱼视若无睹，甚至当那些鲫鱼逃到热带鱼那边去，它就立刻放弃追逐，说什么也不愿再过去。

人，有时也会和鲨鱼一样，犯类似的错误。所谓“一朝被蛇咬，十年怕井绳”，刚开始做一件事时，也许并不缺少热情，可一旦遭遇挫折与失败。往往就认为，自己是无法成功的，而且过去失败的印象总在眼前晃动。把本可唾手可得的成果，以及放在面前的机遇一次次错过。

仔细研究一下历代的伟人，就可明白：伟人之所以伟大，在于他百折不挠的精神，在于他勇于尝试，敢于失败，一次次地碰壁也绝不回头的毅力和胆魄。爱迪生——众所周知的伟大发明家，在他发明电灯前，不也经历了上万次的失败，而后成功的吗？

也许，我们的生旅途上沼泽遍布，荆棘丛生；也许我们追求的风景总是山重水复，不见柳暗花明；也许，我们前行的步履总是沉重、蹒跚；也许，我们需要在黑暗中摸索很长时间，才能找寻到光明；也许我们虔诚的信念会被世俗的尘雾缠绕，而不能自由翱翔；也许，我们高贵的灵魂暂时在现实中找不到依托。但是，不要气馁，我的朋友。只要你能保持一种百折不挠、积极进取的决心，成功之门终究会为你开放。

方法正确效率才更高

一位著名科学家说：“无头绪地、盲目地工作，往往效率很低。正确地组织安排自己的活动，首先就意味着准确地计算和支配时间。”

然而，很多人恰恰因为做不到这一点，不得不在工作中充当“消防员”的角色，每天都被一些紧急的事情弄得焦头烂额，仿佛总有处理不完的危机、扑救不熄的险情。一天下来，他们总是身心疲惫不堪，但实际上并没有干成几件要事。

为了“救火”，他们根本没有时间去处理该处理的问题，去思考最应该思考的要事。不是他们不想做要事，而是他们把大部分精力和时间花掉了，以至到最后不得不办时，早已错过了处理的最佳时机。如此日复一日地恶性循环，让自己像一个“危机管理人”那样，完全被大小事务控制住了，由此失去了驾驭工作和生活的主动性。

18世纪，天文学家在火星与木星之间找到了一颗小行星。为了搞清它究竟是行星还是彗星，便请数学家计算它的运行轨道。“数学泰斗”欧拉计算了三天三夜，当数据出现时，他的右眼因劳累过度而失明了。与欧拉同时接受计算任务的数学家高斯，首先革新了欧拉行星运行轨道的计算方法，引入了一个8次方程，仅花1小时就得出了更加精确的结果。当人们循着高斯计算的运行轨道，终于找到了这颗小行星——谷神星。高斯深有感触地说：“若是我不变换计算方法，我的眼睛也会瞎的。”

因而我们说，做事的方法正确，我们才能提高效率。有的人用一天能完成的工作，另外的人可能几个小时就完成了，那是因为后者找到了适当的方法。企业要想得到更大的收益就必须提高劳动效率，而要达到这一目的，最主要的因素之一就是要从管理入手，提高人员的工作效率。这也从另外一个角度来说，高效率的员工必然成为企业的追逐对象。

要想提高工作效率，改进工作方法，一个最主要的因素就是要认清问题的本质，抓住事物之间的主要矛盾，牵一发而动全身，这样才能够一击而中，节省更多的时间和精力。

有一次，美国华盛顿广场杰斐逊纪念大厦的一处墙面出现了裂纹，为了保护好这幢大厦，有关专家进行了专门研讨。最初大家认为损害建筑物表面的元凶是侵蚀性的酸雨。为此，专家们设计了一套又一套复杂而又详尽的维护方案。

但是经过进一步研究，却发现最直接的原因，是每天冲洗墙壁所用的清洁剂对建筑物有酸蚀作用。那么，每天为什么要冲洗墙壁呢？是因为墙壁上每天都有大量的鸟粪。为什么会有那么多鸟粪呢？是因为大厦周围聚集了很多燕子。为什么会有那么多燕子呢？是因为墙上有很多燕子爱吃的蜘蛛。为什么会有那么多蜘蛛呢？是因为大厦四周有蜘蛛喜欢吃的飞虫。为什么有这么多飞虫呢？是因为开着的窗子阳光充足，大量飞虫聚集在此，超常繁殖……

由此，专家们发现解决的办法其实很简单，只要拉上大厦的窗帘，不让昆虫在此繁衍生息，一切问题即可迎刃而解。此前设计的那些复杂的维护方案也就都成了一纸空文。

只要拉上窗帘就能每年节省几百万美元的维修费用，这就是系统思考带给我们的启示。我们处理问题时，若能从一些看似不相干的东西中找出必然的联系，发现问题的本质和关键，往往能够收到事半功倍的功效。

每天多做一点点

你是否有过这样的苦恼——自己整天忙忙碌碌，兢兢业业，可就是没人注意到你；自己的工作能力不比竞争对手差，业绩也是显然易见，可是一到关键时刻受宠的总是对方！是什么原因导致了这种状况呢？应该如何改变这种状况呢？可能，差距只是那么一点点，做到了就会四两拨千斤，让你在职场上拨云见日；忽视了它们你就有可能一直在黑暗里摸索。那么，差距到底是什么呢？以下的几点建议也许会有助于你。

勇于承担责任

在职场当中，有一些人常常惧怕承担责任，把责任看成是一种痛苦和负担。所以，当问题出现或者困难当前的时候，我们听到最多的话是“这不是我的错”“它本来就是这个样子的，我也无能为力”……

其实，责任并不像我们表面所看到的那样，仅仅是一种阻力，很多时候，责任更是一种机会，当别人面对责任都避之唯恐不及的时候，如果你能鼎力扛起来，不管最后成功与否，领导都会佩服你的勇气，欣赏你的果敢。在同等条件下，你的机会就会比别人多很多。

提前半小时到办公室

早半小时到办公室，不但有利于你在领导面前树立好的职业形象，而且会真正影响到你每天的工作状态。

想想看，当别人刚刚起床，或者正急匆匆赶拥挤的公车的时候，你已经坐在办公室开始对一天工作进行规划，日积月累，你们的差别会有多大？这看起来很小的优势会让你在一段时间内和所有的竞争对手拉开很大的距离。

善于学习

一个人要想成功，树立终生学习的观念是非常必要的。既要学习专业知识，也要不断拓宽自己的知识面，往往是一些看似无关的知识会对你的工作起到巨大的推进作用。很多报纸、杂志看起来只是一些庞杂的知识，实际上却起到了开阔视野、激发灵感的作用。记住一句话：

开卷有益。

快速反应，立即行动

永远要记住：上司的时间比你的时间更宝贵。所以，对于上司临时指派给你的工作一定要尽快完成，千万不要让上司找你、催促你。而应该接到任务后迅速行动，然后主动汇报。

如果你总是能够高效地完成上司指定的工作，那么在上司心中，你的价值就会大大提高。

保持冷静

遇到紧急事情，发怒、生气都无济于事，最重要的反而是保持冷静。保持冷静固然不会改变局面，但是起码让你能够清醒地思考如何应对问题。那些能够解决问题的人往往都是面对困境能处之泰然的人。

很多人在职场当中之所以得不到提拔，主要的原因就是他过分地暴露了自己的情绪，喜怒皆形于色，心中藏不了事情，这样的人领导怎么放心地委以重任，你又怎么能够成为领导的心腹？

保持平常心

即使你做好了上面的一切，也不一定会升职。成功需要机遇，即使一件十分简单的事情也有可能出现复杂的变化。因此，做好足够的心理准备只会对你有好处而没有坏处。

尤其是当你以为成功就在眼前的时候更要保持一颗平常心。它不但能够减轻你的失落感，同时也能给你带来更多的清醒、更多的机会。

世界上最可怕的是拖延

“生存还是灭亡，这是个问题！”这是哈姆雷特式的忧郁。很多人正是由于这种凡事拖延、犹豫不决的性格导致了生活中的一次次遗憾和失败。

今天该做的事拖到明天完成，现在该打的电话等到一两个小时后才打，这个月该完成的报表拖到下一月……

在我们的工作中，实在有太多的拖延。

一个人无论干什么工作，一旦决定去做的时候就要及时行动。如果把事情拖延下去，只会有害无益。有些人经常说“唉，这件事很烦人，还是先做其他的事情吧”，结果事情越积越多。不论他们用多少方法来逃避责任，该做的事还是得做。而拖延则是一种相当累人的折磨，随着时间的流逝，工作的压力反而会与日俱增，这会让人觉得更加疲惫不堪。

千万不要一味松懈，把今天就应该完成的工作拖延到明天。而一旦完成，就不要愚蠢地等到老板开口来问的时候才匆忙呈上结果，而应该在工作完成后主动汇报才对。

避免拖延的唯一方法就是“现在就做”，万事开头难，但是没有开始就没有结果。

有个美术系的学生把自己的作品交给教授，很诚恳地说：“教授，请您指导一下，我怎么才能把画画好呢？”教授指着画布回答道：“你把这个地方修改一下。”学生高兴地说：“谢谢您，我明天抽时间休整一下。”教授皱了皱眉说：“不行，你必须马上动手，万一你今天晚上死了怎么办？”

这就叫活在当下，我们在工作的时候也需要这种心态。决策之后就立即行动。诸如“再等一会儿”“明天开始做”这样的语言或者这种心理意念，一刻也不能在我们的心里存留。

从现在就开始，立即去做自己一直在拖延的工作吧。如此一来，我们就会发现拖延时间毫无必要，从而逐步消除拖延的烦恼。

许多人做事总喜欢万事俱备了才开始行动，殊不知，这样的条件不是等来的，而是在行动中创造出来的。只要做起来，哪怕很小的事，哪怕只做了五分钟，也是一个好的开端，就能带动我们着手做好更多的事情。

所以说，无论干什么事情，只是停留在嘴边是不够的，关键还是要落实在行动上。如果你不知道该如何行动，不妨参照这样一个建议：列出四个你已经拖延很久，想做却一直没有做的事情，如洗完放在床底下的一盆衣服、写一篇文章……把它们都写在一张纸上，并按重要程度排序，然后立即着手第一件事。

面对任务，不要再犹豫，请立即行动起来吧。具体可按照下列步骤来做。

合理安排你的时间；把更多的时间放在最重要的事情上。

按事情的轻重缓急排好队，让行动变得井井有条，而不是一团糟。

提高效率，砍掉枝枝节节；简化办事流程，不要在细枝末节上浪费时间。

把大块任务切割成小块。假如你想写一本200页的书稿，每天写上两页，三个多月就可以完成。若想一下子完成，只能被目标吓倒，也许一年都完不成。

成功的秘诀之一就是“立即行动起来”。

无论何时，当“立即行动”这四个字深入你的潜意识时，你就已经具备了成功者的基本素质。有时，立即行动的决定能使你最荒诞的梦想成为现实。

这样工作最有效率

如果你每天在办公室里恨不能让自己成为八爪鱼，以应付更多的工作，那说明你可能在提高效率和时间管理方面需要多下一些功夫，不妨尝试以下几种方法，或许可以帮你实现高效完成任务的梦想。

每天开始工作前，先列出计划

我们应该养成这样一个习惯，那就是：每个工作日的头 15 分钟用于写下任务清单。写出清单后，你就会清楚地知道，哪些工作是今天必须完成的，哪些工作是今后几天内要完成的，哪些是长远的目标。这样，你就会精确地找到需要优先处理的问题，从而避免被那些不重要的事情分散精力。即使你决定在某个合适的时候停止工作，工作进度也在你的掌握之中，不会受到影响。

学会分派任务

如果你是位主管，在写出了任务清单后，还要认真考虑一下，哪些任务是可以分派给团队中其他成员来完成的。每天早早找出这些任务，会使团队成员能够尽早开展工作，从而加快完成任务的速度。和你一样，同事也希望对每天的事情早做安排，如果你是在一天的最后几个小时才把任务分派给同事，同事会不高兴的，因为你有可能打乱了他们的计划。

把外界干扰降至最低

不要让意想不到的电子邮件、电话和会议打乱你的工作计划，使你不得不加班。为降低干扰，你可以这样做：每隔两个小时而不是每隔 10 分钟查看一次电子邮件；将电话转为语音邮件，只回复那些确有急事的电话；将会议安排在你方便的时候召开。

早工作早离开

加班加点工作到很晚，可能会引发恶性循环——工作到很晚通常会使你第二天起得晚，然后又导致你要工作到很晚，这是恶性循环。在一个星期内强迫自己早点开始工作，早一点离开。开始这样做很困难，但你会很快发现，早点开始工作能够使你每天有做计划的时间，从而提高了你的工作效率。

不要在工作时间干私事

一些职场中人放任自己，在工作时间为私人事务分心。其实，在工作时完全不考虑私人事务可能很难做到，但你要提前对这些影响工作效率的事情进行统筹安排。一些私人小事会影响你的工作，如果你将很多时间用于与工作无关的事情，那么晚上要加班就是不可避免的。

依靠和信赖电子邮件

许多日常的交流通过电子邮件就可以完成，不一定非得打电话。使用电子邮件可以使你避免打电话聊天。当然，也有一些公司必须直接与人交谈才能有效运作。但是，绝大多数员工能够利用电子邮件处理更多的沟通交流事务。

检查你的技术设备

“磨刀不误砍柴工”，对电脑和办公设备进行升级可以使你更为有效地工作。例如，一台性能强大的电脑可以使你更快地进行网页搜索或是同时运行多个应用程序。

充分利用办公自动化设备和应用程序来完成工作任务，这样会减少手工操作，使你获得更多的时间。

今日事，今日毕

许多职场中人由于白天完成不了任务，养成了熬夜的习惯。熬夜会使你工作效率降低，还会危害你的健康。因此，员工要想方设法提高工作效率，做到“今日事，今日毕”。记住，你不是超人，公司雇你也不是为了解决所有的问题。做好你职责范围内的重要工作就可以了，不要忙着给其他部门提建议，搞策划。如果手上有太多额外的事情，你自己的本职工作往往会不能很好的完成。

第八章 只要你足够优秀，世界都会因你而改变

一个人如果依赖心理太强，就会忽略自我生存能力的提高。在这个竞争激烈的社会上，将是非常危险的。如果你自身的能力太弱，别人只会同情你。即便你遇到了生存危机，也没有人会无缘无故地帮助你。但如果你足够优秀，世界都会因你而改变。

不断努力，让自己不可或缺

从古到今，凡是成功人士都不是满足于现状，而是在不断为下一次的成功作准备。你要认识到，成功并非终点，它只不过是你一段时间的小结而已。成功是下一个开始的起步，应该准备好，走好下一步，为了下一次的成功应该再接再厉。

“今日的努力是美好明天的基础。”社会的发展和时代的进步，不断出现新知识新技能，需要我们不断“充电”、学习，不断创造出效益，增加自己在职场上的砝码，让自己有更多的发展机会。

因此，你片刻都不可放弃学习；浪费时间，即使是片刻也可能带来终生遗憾。对于我们来说，利用业余时间学一些对工作有利及提高工作效率的知识，利用目前可供自己自由思考的时间来保证将来成功，这既是投资，也是保险，更是将来的利润。

亚德里恩是巴黎一家五星级的大酒店厨部的小厨师。他并不英俊，而是憨憨的，谁都可以说他两句，他都照单全收，却不会嘟着嘴什么的。他没有什么特别的长处，做不出什么上得大场面的菜，所以他在厨部里只当下手。但是他会做一道非常特别的甜点：把两只苹果的果肉都放进一只苹果中，那只苹果就显得特别丰满，可是外表上看，一点儿也看不出是两只苹果拼起来的，就像是天生那样子长的，果核也都巧妙地去掉了，吃起来特别香。

一次，这道甜点被一位长期包住酒店的贵族夫人发现了，她品尝后，十分欣赏，并特意见了做这道甜点的亚德里恩。这个一直不被人重视的憨小伙子激动地表示，他将再接再厉以不辜负夫人的赏识。

贵族夫人虽然长包了一套最昂贵的套房，一年中也只有加起来不到一个月的时间在这里度过。但是，她每次到这里来，都会指名点那道亚德里恩做的甜点。酒店里年年都要裁去一定比例的员工，经济景气低迷的时候，裁员的规模只会更大。不起眼的亚德里恩却年年风平浪静，就像有特别的后台和背景。后来，酒店的总裁告诉他，那位贵族夫人是他们最重要的客人，而他，可爱的亚德里恩，是酒店里不可或缺的人。

随着科学技术的进步，人才的重要性及培养人才的必要性越来越重要。于是很多企业都纷纷用各种方式，鼓励员工们学习专业知识和专业技能。有些企业举办职前教育，有些企业甚至出资让职员出外进修，或举办各种在职教育，目的是使员工具备更高的专业水平，为企业发挥更大的作用，使企业得以壮大发展。

检查一下自己是不是一个不可或缺者。你的资源别人没有，这就是你在职场存在的理由，这就是你能够安身立命的资本。有意识地学习广泛的知识有助于一个人工作能力的提高。要和别人竞争，首先就要有一些自己独有而别人没有的资源，你就会成为工作中的不可或缺者。

你要掌握一流的业务素质。没有一流的业务素质，在职场你就是可有可无的人，如果再做什么人都可以做的事情，那就是那种无论什么时候什么人都可以顶替的人。

一般情况下，许多企业举行职前教育或岗前培训，是为企业培养所需要的人才。公司在职前教育中所教授的课程，都是你在未来的工作中所需要的知识和技能，你若能虚心地学习，熟练掌握技术，对你今后的工作必有很大的帮助。所以，在工作中你要抓住每一个学习的机会：

1. 积极参加职前培训

这是非常难得的绝佳机会，应当十分珍惜，同时要利用这次机会，充分获得将要立足于社会所需要的各种基本知识和专业技能，并可通过职前教育，了解公司的各种情况，熟悉公司的环境与未来的同事间的人际关系等。

2. 利用空闲时间从事职业技能进修

如果你是办公室职员，更应利用空闲时间从事职业技能进修。如此才能充实自己的实力，为将来发展准备本钱。

3. 取得更高的学历资格

如果你是一位有志向取得高学历资格的人，可以参加成人教育，到成人高校学习，这些学校都可以提供优质的教学服务。人生的目标不只是升职和加薪，更主要的是自身的发展，最终创造自己的事业。无论你选择什么课程，目的都是充实自己、发展自我。

细节制胜，不要输在小事上

职场无小事，小事成就大事。作为一名员工，无论在什么岗位上，只要用心去做每件事，都能实现自己的价值。任何人所做的工作，都是由一件件小事组成的。但不能因此而对工作中的小事敷衍应付或轻视懈怠。记住，工作中无小事。所有的成功者，他们与我们都做着同样简单的小事，唯一的区别就是，他们从不认为他们所做的事是简单的小事。

人生、事业、爱情、家庭的成败往往在一些小事情、小动作的处理上。就像一座宏伟的建筑，建筑设计方案恢弘大气，但如果对细节的把握不到位，就不能称之为一件好作品，甚至会因某一个细节的疏忽而带来不堪设想的后果。

前苏联有个一心想当飞行员的小男孩谢夫卡，他曾找过一位名叫格罗莫夫的将军，问他怎样才能成为一名飞行员。这位功勋飞行员、空军上将没有直接回答这个问题，却带他去郊外玩，回来后对谢夫卡说：“我们认识只有一天工夫，然而有四件微不足道的小事妨碍你成为一名飞行员：你找我的时候，只知道敲门，却没有发现墙上的门铃；在车站你忘了自己的车票搁在哪里；在让你记录地址时，你竟不知道自己身上是否带有笔；你把我的住所门牌号记错了。”

接着他又说：“人们会把一架飞机交给这样一个漫不经心的人吗？如果他在飞机驾驶舱里，就可能不会发现仪器的指示信号或者忘了在着陆时放下起落架……”他拍了拍谢夫卡垂下的头说：“不要灰心，我建议你每天干好哪怕一件这类微不足道的小事，因为在飞行中往往因错、忘、漏，哪怕是一个小小的开关、一个手柄、一个小动作，都会造成严重的飞行事故。”

工作中无小事，要想把每一件事情做到无可挑剔，就必须从小事做起，付出你的热情和努力。士兵每天做的工作就是队列训练、战术操练、巡逻排查、擦拭枪械等小事；饭店服务员每天的工作就是对顾客微笑、回答顾客的提问、整理清扫房间、细心服务等小事；公司中你每天所做的事可能就是接听电话、整理文件、绘制图表之类的小事。

但是，我们如果能很好地完成这些小事，没准儿将来你就可能是军队中的将领，饭店的总经理、公司的老总。反之你如果对此感到乏味、厌倦不已，始终提不起精神，或者因此敷衍应付差事，勉强应对工作，将一切都推到“英雄无用武之地”的借口上，那么你现在的位置也会岌岌可危，在小事上都不能胜任，何谈在大事上“大显身手”呢？没有做好“小事”的态度和能力，做好“大事”只会成为“无本之木，无源之水”，根本成不了气候。

不要小看小事，不要讨厌小事，只要有益于自己的工作和事业，无论什么事情我们都应该全力以赴。用小事堆砌起来的事业大厦才是坚固的，用小事堆砌起来的工作才是真正有质量的工作。“勿以善小而不为，勿以恶小而为之。”细微之处见精神。有做小事的精神，才能产生做大事的气魄。因为成功就藏在每天细小而琐碎的工作中。

劲舞吧，这是你的舞台

职场就像一个大舞台，无数演员在这里展现着各自不同的人生，有的精彩，有的平庸；有的光芒四射，有的默默无闻。但很多人站在这样一个舞台上，却茫然不知所措，只会消极地听从老板的指挥，自己似乎永远是个配角。其实，这种态度大错特错，没有人能够完全支配你，你才是职业舞台上唯一的主角。

投身职场，一定要树立正确的价值观和职业观：你才是自己人生事业的老板，投资者不过是为你提供了平台的“剧院老板”。这台戏的主角当然是你，能否赢得鲜花和掌声，完全取决于你的演出质量。你要对自己有充分的信心，积极主动地对待自己的工作。

生活中，很多人对工作不满意，他们抱怨薪水太低、没有发展前途等，总觉得现有工作已不值得留恋。特别是工作不久的员工，在单位接触的是一些平常工作，就觉得平平淡淡的生活对自己是一种折磨，真是怀才不遇。再看看周围比自己干得好的同学、朋友，跳槽的念头就油然而生。其实，这种想法大可不必。很多时候，只要我们主动一点，就会发现自己的工作大有可为。

在工作中，主动的员工把公司当成自己的人生舞台，他们喜欢在上面“劲舞”。是啊，工作给了我们精神的寄托，给了我们生活的保障。我们没有理由不把公司当成自己最重要的一条生命线。没有了公司这个舞台，我们就会像断线的风筝，诚惶诚恐，飘浮不定，任由风儿把我们吹来荡去。

曾经站在舞台上享受过掌声的人，很难忘记掌声和舞台带给自己的那种快感。但有些人却是“见不得人”的，上了舞台之后，在灯光的投射下，站在许多的观众面前，除了痛苦之外，什么都没有。因此，主动的人喜欢舞台，被动的人害怕舞台。

人都乐意选择能使自己快乐的职业，却往往事与愿违。我们也许很不幸，不能与自己理想的职业“结成连理”，但是不要紧，不是有这样一句话吗：山不过来，我就过去。意思是说如果客观存在的东西不好改变，那我们就改变自己。没有好的工作不要紧，我们可以有好的心境！

要知道决定我们真实感受的东西，除了客观的存在以外，还有我们的主观意识。比如，美发师羡慕画家可以坐着工作，而画家却很羡慕美发师可以站着工作……虽然工作一时无法选择，但工作的心态我们是可以选择的！

既然公司给了我们一个工作舞台，我们就应该最大限度地发挥自己的潜能去“劲舞”。主动的员工，要时刻想着为公司多做点儿什么。多做点儿事，绝对不会把你累垮的。这种率先主动的工作习惯对你来说，只会有益处，它会使你更加敏捷，更加积极。

“每天多做一点儿事”的工作态度将会让你从你的同事中脱颖而出，不管是普通职员，还是管理阶层，你的上司和顾客都愿意加倍地信赖你，从而给你更多的机会。

德尼斯最开始在杜兰特的公司工作时，只是一个很普通的职员，但现在他却成了杜兰特先生最得力的助手，成为一家分公司的总裁。他如此快速地得到升迁就是因为他总是设法使自己多做一点儿工作。

德尼斯刚来杜兰特公司工作时，他发现，每天大家都下班后，杜兰特依旧会留在公司工作到很晚，于是德尼斯决定自己也留在公司里。虽然，谁也没有要求他这样做，但他觉得他应该留下来，在杜兰特先生需要时给他提供帮助。

杜兰特先生在工作时经常找文件和打印材料，最开始他都是亲自做这些工作。后来他发现德尼斯时刻在等待他的吩咐，于是便让德尼斯代替他去做这些工作……

杜兰特之所以愿意召唤德尼斯为他工作，就是因为德尼斯自愿留在办公室，使杜兰特随时可以见到他。尽管德尼斯并没有多获得一分钱的报酬，但他获得了更多的机会，让老板认识了他的能力，为自己晋升创造了条件。

我们可以找出上百条理由为公司多做一点事，不过基于以下两点，你也应该这么去做：

其一，当你有了“每天为公司多做点儿事”的习惯时，你已经比旁边的人具有了更多的优势，无论在哪一个公司，你的上司和客户都会乐于与你合作。

其二，你要想使自己的能力得到提升，多做一点儿事，是最好的办法。如果你在做份内事的同时为公司多做一点，不但能显示你勤奋的美德，还能发展你的工作能力。

尽管如此，事实上依旧很少人去这样行动，这不能不说是个遗憾。

记住这一点吧，你才是舞台上唯一的主角，你的同事甚至老板都是你的观众。你能否获得这些“观众”的认可，就看的表演是否积极向上了。总之，每天精神饱满地去迎接工作的挑战，以最佳的精神状态去发挥自己的才能，就能充分发掘自己的潜能。你的内心同时也会变化，变得越发有信心，别人也会越发认识你的价值。良好的精神状态不是财富，但它会带给你财富，也会让你得到更多的成功机会。

平凡积累，最后成功

做任何事情都不能急功近利，这是成功的大忌。一口吃不成胖子，长城也不是一天建成的。充电也是如此，重要的是不断积累。

另外，对职场中人而言，充电固然重要，但在充电的过程中，对待手里的工作，一定要脚踏实地。须知成功往往来自平凡的积累，在晋升的阶梯上，女性常常要付出更多。千万不要因为忙于充电，而忽略的本职工作，那样就有点儿得不偿失了。

有些女性充电之后，自以为很了不起了，于是变得眼高手低、心浮气躁，对现在的工作便很有些不放在眼里。认为：我已经充了很多电，具备了很大的能力，为什么还要做这种卑微的工作呢？在她们眼里，以为充电之后，就会立刻立竿见影，工资、职位应该立马提高一个档次才对。殊不知，这种急功近利的心态，与充电的本意实际上大相径庭。

总是说“这种无聊的工作我才不要做”的人，是因为对自己的才能过分自信或骄傲自满。“骄必败”是铁一样的事实，一旦骄傲就不会有进步，侮慢之心阻止了进步之路。因此，常保谦虚之心才能有新的发现，才有可能一直进步。

初入社会的人刚接触到工作觉得很困难，容易丧失信心。但是，熟悉了工作环境及工作程序之后，就会发现工作其实并没有那么困难，这时就很容易产生侮慢之心。原来“不耻下问”的上进心，就变成了“这么简单的事，不必问也知道”的傲慢想法，最后很容易就变成漫不经心。因此，对工作一旦熟练到某一种程度之后，就听不进别人的忠告。不但如此，如果周围的人不照自己的意思去做，立刻表现得很生气，这样的人对公司可是有害无益的。

公司的工作必须靠大家平心静气的互相配合才能够完成。即使是非常有能力的人，若是惹得周围的人讨厌而成为众矢之的，是不会有和谐的气氛的，更会把工作弄得乱七八糟。公司不需要这种“有能力的人”。

除了一些从事特定工作的人之外，一般人的工作都是很平凡的。虽然是平凡的工作，还是需要大家的配合才会有好的成绩，所以就需要非常的努力、忍耐、用功才行。如果做不到这一点，就不能成为一个成功的上班族。正是这些平凡工作的不断的积累，才建立起公司的稳固基础，并且使公司能够顺利地发展。因此，公司需要的是能够在平凡中求成长的人。所以，能够把平凡的工作做到最好，你就是成功的。这个道理，这正如武侠小说里描写的那样：简单的招式练到极致，就是绝招。

一个人不论多么的有才能，只要他有了侮慢之心，不论是对自己或是周围的人都是有害无益的。因此，不要看轻任何一项工作，没有人可以一步登天，没有平凡的积累是不会有成功的。

其实，在前面我们就说过，充电实际上是一种“投资”。既然是投资，就有一定的回报周期，不可能你刚把资金投进去，就立刻能拿到利润。对工作而言也是这样，只要你踏实肯干，又能不断积累、不断充电来提高自己的能力，终有一日，你会得到你渴望的成功。

第七章 既然告别安逸，就别怕一路风雨

告别安逸，选择奋斗，就像在一个大雨天走出温暖舒适的小屋，在风雨中赶路一样，对内心是一个巨大的考验。面对这一路的困难、挫折、压力，谁又能不怀念安逸的小屋？然而既然告别了安逸，就别怕经历风雨。因为一旦选择放弃，那一切都会前功尽弃。

即使面临失败，也不要轻言放弃

不要因为害怕失败而放弃做事，每一个失败都是成功资本的积累，能够正确面对失败并且经常战胜失败的人，就是成功的人。的确，失败是痛苦的，令人焦虑的，有人甚至因为失败而落寞轻生。因此，怎样对待失败就成了考验每一个人的意志和品格的“试金石”。

不管是暂时的挫折还是逆境，只要把挫折当作是一种教训，都不会在意识中认为自己是失败者，事实上，在每一种逆境及每一个挫折中都存在着一个持久性的大教训。而且，这种教训是无法以挫折以外的其他方式获得的。

我们在向成功者的头上的光环顶礼膜拜的同时，不禁悄悄地哀叹：成功者如同凤毛麟角。

何年何时，成功之神才能对自己格外关照几分呢？就这样，在自艾自叹的消极心态中，我们早已错过了一次又一次成功的机会。

当我们纵观历史、广览世界时，一个出乎意料却又合情合理的论断如同闪电一样照亮了漆黑的脑海——成功者无一不是战胜失败而来！成功无一不是血汗与机遇的结晶！在失败面前，至少有三种人：

第一种人，遭受了失败的打击，从此一蹶不振，成为被失败一次性打垮的人，此为无勇无智的庸人。

第二种人，遭受了失败的打击，不知反省自己，总结经验，只凭一腔热血，勇往直前。这种人，往往事倍功半，即便成功，亦如昙花一现，此为有勇无谋的莽汉。

第三种人，遭受了失败的打击，能够极快地审时度势，调整自身，在时机与实力兼备的情况下再度出击，卷土重来。这种人堪称智勇双全，成功常常降临在他们头上，他们就是时下活得最潇洒的成功者。

按犹太人的二八黄金规律，无勇无智者占人类总数的80%，有勇无谋者与智勇双全者占20%，而在这20%的人中，再次运用二八黄金律，有勇无谋者占80%，智勇双全者只占20%。如果在智勇双全者中按二八黄金律再次分派，那么，所谓真正的成功者不到1%，至于那些获得终身大成就的人，更是少之又少，诚如消极人士所叹，犹如凤毛麟角。

但是，我们做这样的分析，目的决非哀叹成功不易，唱人生的挽歌，而是希望从中发现克服失败的秘诀。毫无疑问，成功者之所以成功，就在于他的智与勇，尤其是智。

我们研究失败是为了更好地研究成功，超越失败则必然能走向成功的彼岸。只有敢于正视失败，正确地面对失败，才能超越失败，走向成功。

“失败是成功之母”，在小的时候，我们的父母或幼儿园的阿姨就这样告诉我们，并且还列举了大量伟大的科学家、发明家、企业家、政治家经过千挫百折才获得成功的例子来加以证明。

于是，“失败只是有点儿让人伤心，但并不可怕”的种子在我们当时那幼小的心田里扎下了根，并且随着岁月的沉淀和滋养发了芽。到了中学，老师又告诉我们：“失败是成功的踏脚石。”嫩芽破土而出，享受着阳光兀自茁壮生长起来——我们无形中有了这样一种潜意识：失败是成功的先兆，只有挫折才能带我们走向成功。因而失败非但不该是一种令人沮丧的事情，反倒可喜可贺了。甚至我们还可以对自己说："只有风雨才能冲洗掉掩于我们表面的尘埃，显露出我们英雄的本色。"于是，我们不怕失败，跌倒后爬起来再勇敢地奋进，而结果却是悲壮地屡战屡败，屡败屡战，又屡战屡败……这是为什么呢？是上天对我们太不公平吗？是我们命中注定不能成功吗？其实不是，屡战屡败只是我们潜移默化地在失败和成功的问题上形成了一个心理误区，存在着一个心理症结。我们扭曲了失败与成功在"失败乃成功之母"中的母子关系；认为由"失败"必然推得"成功"，而没有去深入想一想"失败"在这句话中的潜在意义。

为什么失败一个接一个，胜利却从未到来过呢？有的人已经脱口而出了："因为他没有反省自己，没有认真地分析自己失败的原因，从而没能从以往的失败中吸取教训……""但这又和我们的创业成败有什么关系呢？"你可能会这样问。

其实，你只要回过头去仔细想一想就知道了。诸多失败者失败的原因只是因为具体情况有所不同，本质上却是一样的，主要原因都是没有认真地分析自己失败的原因，没能从中汲取宝贵的教训。

真正懂得生活的人，他会给自己提出这样的任务：战胜失败，把自己锻炼得更加成熟和坚强。生活从它自身的逻辑出发，要求人们增强生活的勇气；增强对失败的容忍力；变通进取，从失败中不断总结经验，产生创造性的变迁。

很多人之所以屡战屡败不能成功，除了他们没有认真反省这一主观原因外，还有一个客观的原因，那就是失败和挫折通常是以一种"哑语”的形式来向人们说话的，如果你不去认真对待它、琢磨它，你是不会理解的。同样，“失败是成功之母”也是以这种“哑语”的形式来告诉人们它的真正含义。所有历经失败和挫折而终获成功的人们，都是用他们的心认真地从失败中读懂了这哑语的意思，他们的失败才引导着他们走向了成功。

不要惧怕失败，你的生命如果是一把披荆斩棘的“刀”，那么失败就是一块不可缺少的“砥石”。为了使生命的“刀”更锋利些，勇敢地面对失败的磨砺吧！

不要因为害怕失败而放弃做事，每一次失败都是成功资本的积累，能够正确面对失败并且经常战胜失败的人，就是成功的人。

人生本多风雨，我自甘之如饴

在一个小区的楼群里，住着两位很特别的人，33号住着一位年轻人，左邻32号住着一个老人。老人一生相当坎坷，多种不幸都降临到他的头上：年轻时由于战乱几乎失去了所有的亲人，一条腿也在空袭中不幸被炸断；“文革”中，妻子忍受不了无休止的折磨，最终没能和他同舟共济，跟他划清了界限，离他而去；不久，和他相依为命的儿子又丧生于车祸。

可是在年轻人的印象之中，老人一直爽朗而又随和。

而隔壁邻居的那个年轻人却与之相反，常常是愁眉苦脸，什么时候都显得很忧郁。当他听别人讲32号那个老人一生中的经历以后，就想和老人聊聊。于是，年轻人便找了个机会到了老人的家里聊起了天，并把他的愁事跟老人说了。老人并没有说什么，只是笑。

年轻人终于忍不住了，便问：“您经受了那么多苦难和不幸，可是为什么看不出您悲伤呢？”老人无言地将年轻人看了很久，然后，将一片树叶举到年轻人眼前：“你瞧，它像什么？”“这也许是白杨树叶，而至于像什么……”年轻人答道。

老人拿着手中的树叶对年轻人说：“你能说它不像一颗心吗？或者说就是一颗心？”这是真的，树叶十分类似心脏的形状。年轻人的心为之轻轻一颤。

“再看看它上面都有些什么？”老人继续说道，一边说着，一边把手中的树叶向年轻人眼前凑了凑。年轻人清楚地看到，那上面有许多大小不等的孔洞，就像叶子中间被针扎了很多下似的。

老人收回树叶，放到手掌中，用沉重而舒缓的声音说：“它在春风中绽出，在阳光中长大，从冰雪消融到寒冷的秋末，它走过了自己的一生。这期间，它经受了虫咬石击，以致千疮百孔，可是它并没有凋零。它之所以享尽天年，完全是因为对阳光、泥土、雨露充满了热爱，对自己的生命充满了热爱，相比之下，那些打击又算得了什么呢？”老人最后把叶子放在年轻人的手里，他说：“这答案交给你啦，这是一部历史，更是一部哲学啊。”如今，年轻人仍完好无损地保存着这片树叶。每当年轻人在人生中突遭打击的时候，总能从它那里汲取足够的冷静和力量，不论在怎样的艰难之中，总能保持一种乐观向上的精神。

“文革”时，很多人被下放到农村去接受再教育，遭了不少罪，挨了不少打。可是，有一个中学教师说，这也是一种享受，这倒不是因为他过得很舒坦。其实，在他身上有18处伤疤，每一个伤疤都是一个故事，他说自己准备把以往生活的片断都写出来，肯定耐人寻味。

在农村期间，他把以前学木匠的本事拿了出来，十里八村有啥事都找他。

有一天，一个村民的老娘死了，找他打一口棺材，他手到擒来。谁知，当晚就叫造反派抓走了：“你说你自己站到什么路线上去了，我们辛辛苦苦在破四旧，你却跟革委会对着干。”于是，他被勒令在炉前哈腰，炉火正旺，哈着腰的他汗珠滴到炉子上，发出吱吱的声音，就这么挺了几个小时。

无独有偶，没几个月过后，这个造反派头头的老娘死了，也找他做棺材，他说这是四旧啊，我不做，造反派说你做不做，跟“革命事业”对着干是不是？这时候也没什么理可讲了，他只好说，好吧我做。

几天之后，棺材做好了，当地有个风俗，临入葬的时候再钉钉，一般的情况是钉三下，儿子在前面磕上三个头，今天他灵机一动，前面的造反派头头正磕头呢，他就一个劲儿地钉，钉了有 30 多下，造反派头头磕了 30 多个头，头都快磕肿了，他在心里偷偷地乐，靠着这种办法，缓解以致化解了很多痛苦。

如果这个人承受不住这些折腾，也许早就命归黄泉了，可是他安然地活到现在。生活中总是会有风雨，郑智化曾唱道：“风雨中这点痛算什么……”一个欲成大事的人更应该学习这种精神。经得起如此折腾的人，还有什么苦不能吃？

生活中总是会有风雨，郑智化曾唱道：“风雨中这点痛算什么……”一个欲成大事的人更应该学习这种精神。经得起如此折腾的人，还有什么苦不能吃？

躲避可不是个好主意

阿强在一家大公司任职，经理是位40岁上下的男子，一向严肃刻板。一次阿强随他外出，在飞往重庆的客机上，经理向他吐露了一件藏在心里许久的隐私。应该说，在那个时分，作为阿强心目中威严的上司，他说的那个论题却让阿强受窘又惊诧不已。经理说：“8年前，我受雇于一家建筑公司当业务员，因为我的勤劳能干，大量欠款源源不断地收回，公司颓败的景象颇有改观。老板也很欣赏我，几次邀我到他家吃饭。这时，他仅有的女儿悄悄地爱上了我，常常送一些精巧的小玩意儿给我。我起先不敢承受，后来碍于情面只得收下。就这样过了两年，当有一天我通知她我不能再给予她太多时，她一气之下寻了短见。

“她的两个哥哥咆哮不止，扬言非要我偿命不可。那时我手里已有了为数不少的积蓄，许多人劝我一走了之。我没有这样做，心里只需一个念头：事因既然在我，我必须回去面临这一切，是死是活无关紧要。

“当我走进她的家门，一群人向我扑来，可她的父亲——我的老板向其他人摆了摆手，走上来紧握着我的手，良久才缓缓说了这么一句话：‘一个女人愿意为你献身，说明你是一个与众不同的人；你敢来面临这一切，说明你是一个有血有肉的人。’”经理的话说完了，同时他也给了我们一个最好的人生哲理：关于你自己形成的问题，除了勇敢地去面临，你别无他选！躲避只能加重伤痕的裂口，或许一蹶不振。能成果一番事业的人，也是可以经得起磨难与考验的人，关于自己的磨难勇于面临的人。

人的一生是在不断的失利中度过的。关于许多人来说，失利并不可怕，可怕的是你在心灵上被彻底打败了，而又未能体会到真实的“教训”，反而一再重蹈覆辙，以致到最后落得无可救药。我们常说：“胜败乃兵家常事，因而要胜不骄，败不馁。”而更重要的是要经得起波折，能另起炉灶，开辟人生另一个战场。

日本大企业家松下幸之助对此理念阐述得最透彻，他说：

“跌倒了就要站起来，而且更要往前走。跌倒了站起来只是半个人，站起来后再往前走才是完整的人。”日本三洋电机公司顾问后藤清一，曾在松下电器公司担任厂长。有一次，日本遭逢有史以来最狂暴的台风，虽无人员伤亡，但工厂却接近全毁。后藤心想：十分困难迁到新厂.正想要全力生产、大干特干时，却遭此打击，老板心里一定很懊丧吧！松下是在台风即将停止之前赶到工厂的，此时不巧松下夫人亦因身体不适而住院，亦是探病后赶来的。

“工厂遭逢巨变，损失惨重，我来当向导，请巡视工厂一趟吧!”“不必了，不要紧，不要紧。”“……”(彼此无语)松下手中握着纸扇，仔细地端详它，横看、纵看，神情异常地冷静。

“不要紧，不要紧，跌倒就应爬起来。婴儿若不跌倒也就永久学不会走路，孩子也是，跌倒了就应立即站起来，靠哭是没有用的，不是吗?”松下说完掉头就走，对工厂的灾难毫无惊恐失色之态，快速离去。

可是，在社会上还有一些人，他们面临自己的不幸，屈服于命运，并企图以此博取他人的怜惜，这样的人只能永久躺在自己的不幸上哀鸣，不会有振作起来的一天。要记住，失利并不意味着失去一切，靠自己的斗争一样可以消除不幸的阴影，赢得大家的尊重。

威尔逊先生是一位成功的商业家，他从一个普普通通的事务所小职员做起，经过多年的斗争，终于拥有了自己的公司、办公楼，并且受到了人们的敬重。

这一天，威尔逊先生从他的办公楼走出来，刚走到街上，就听见身后传来“嗒嗒嗒”的声音，那是瞎子用竹竿敲打地上发出的声响。威尔逊先生愣了一下，缓缓地转过身。

那瞎子感觉到前面有人，连忙打起精神，上前说道：“敬重的先生，您一定发现我是一个可怜的瞎子，能不能占用您一点点时间呢？”威尔逊先生说：“我要去会见一个重要的客户，你要什么就快说吧。”瞎子在一个包里摸索了半天，掏出一个打火机，放到威尔逊先生的手里，说：“先生，这个打火机只卖一美元，这可是最好的打火机啊。”威尔逊先生听了，叹口气，把手伸进西服口袋，掏出一张钞票递给瞎子：“我不抽烟，但我愿意帮助你。这个打火机，也许我可以送给开电梯的小伙子。”瞎子用手摸了一下那张钞票，竟然是100美元！他用颤抖的手反复抚摸着钱，嘴里连连感激着：“您是我遇见过的最慷慨的先生！仁慈的富人啊，我为您祈祷！上帝保佑您！”威尔逊先生笑了笑，正准备走，瞎子拉住他，又喋喋不休地说：“您不知道，我并不是生下来就瞎的。都是23年前布尔顿的那次事故！太可怕了！”威尔逊先生一愣，问道：“你是在那次化工厂爆炸中失明的吗？”瞎子好像遇见了知音，兴奋得连连点头：“是啊是啊，您也知道？这也难怪，那次光炸死的人就有93个，伤的人有好几百，可是头条新闻哪！”瞎子想用自己的遭受打动对方，争夺多得到一些钱，他可怜巴巴地说了起来：“我真可怜啊！到处流浪，孤苦伶仃，吃了上顿没下顿，死了都没人知道！”他越说越激动，“您不知道当时的状况，火一下子冒了出来！好像是从地狱中冒出来的！逃命的人群都挤在一起，我十分困难冲到门口，可一个大个子在我死后大喊：‘让我先出去！我还年轻，我不想死！’他把我推倒了，踩着我的身体跑了出去！我失去了知觉，等我醒来，就成了瞎子，命运真不公平啊!”威尔逊先生冷冷地说:“事实恐怕不是这样吧?你说反了。”瞎子一惊，用空洞的眼睛呆呆地对着威尔逊先生。威尔逊先生一字一顿地说:“我当时也在布尔顿化工厂当工人，是你从我的身上踏过去的！你长得比我巨大,你说的那句话,我永久都忘不了!”瞎子站了好长时刻,突然一把抓住威尔逊先生，爆发出一阵大笑:“这就是命运啊！不公平的命运！你在里面，现在高人一等了，我跑了出去，却成了一个没有用的瞎子!”威尔逊先生用力推开瞎子的手,举起手中一根精致的棕榈手杖,平静地说:“你知道吗？我也是一个瞎子。你不敢面临，我敢。”

同是不幸的遭受或失利，有人只能以乞讨混日为生，有人却能高人一等，这决非命运的安排，而在于面临这种状况，你挑选躲避仍是坦然面临。

命运会给你不幸，也会给你时机。命运面前人人平等，有求得他人怜惜的时刻不如拿往来不断斗争更现实一些。

关于你自己形成的问题，除了勇敢地去面临，你别无挑选！躲避只能加重伤痕的裂口，或许一蹶不振。能成果一番事业的人，也是可以经得起磨难与考验的人，关于自己的磨难勇于面临的人。

迎难而上，留点期待给自己

人在一生当中总是会遇到一些坎坎坷坷，面临着人生中的大小困难，如果对自己过分苛刻，那么你只能日子在灰暗、阴沉的天空下。没有期望，犹如在漆黑的大海上航行却没有灯塔，很容易迷失方向，一次失利并不代表永久失利，只有不断地给自己期望，才可以从失利的阴影中真实地站起来，才能走向成功。

美国的大作家怀特说：“在生命之中，失利、内疚与悲痛在有些时分会把我们引向绝望，但不必退缩，我们可以爬起来，重新挑选新的日子。”失利不是人生的滑铁卢，你在这里失利了，还可以在其他当地取得成功，但你首先必须要有爬起来的勇气。不断地给自己日子的期望，其实质就是给自己成功的时机。一次失利根本不能给自己判死刑，不能因而否定自身存在的价值。

在逆境之中，给自己期望，才可以有效地激起追求成功的勇气，然后支撑着自己坚持下去；在绝地中，给自己期望，才能发挥一切求生的本能，不坐以待毙。屈原被放逐乃赋《离骚》，司马迁受宫刑而作《史记》，他如果不给自己期望，在死神一般的失利面前毫不退却，那么中国岂不少了一段千古绝唱，一部不朽的史书吗？

单凭一个简单的期望，不采纳任何实际行动是绝对不行的，可是，如果没有期望，如行尸走肉般活着却也是万万不可取的，没有期望也就犹如日子没有阳光，你就只可以日子在漆黑的阴影之中。先哲曾经说：假设你遇到波折，别后退，只需迎着阳光走下去，前面总是光明……有一位诗人说过：“人可以没有草原，但不能没有骏马；可以没有骏马，但不能没有期望！”人虽然不一定能让自己过得幸福，但一定要让自己心怀期望：有想写的冲动时，投一篇文章给报社杂志；有想唱的欲望时，到卡拉 OK 给自己开个演唱会；在有了想作一幅画的激情的时分，那么就画一幅画送给美术馆……期望是人生所必须有的，人一旦没有了期望，就如同江河干枯一样。

在街上的一个路口，有一位白发苍苍的老太太，弯着腰，挑着两只破烂的筐子。她的孙子或许是她的外孙跟着她。小男孩四五岁光景，看见一张废纸就从地上捡起来，放进奶奶的筐子，孩子的脸上有一丝笑脸，在这冰冷的二月里，好像是一道金黄色的阳光。老太太也会心地笑了，尽管笑里隐藏着一丝哀伤。他的笑，也许在他看来仅是一点收成，可以使自己奶奶的箩筐装得更满一些，这是贡献。而老太太也许是世间的沧桑磨蚀了她的渴望，也许是为自己，更多的是为了她的孙子或许外孙的未来担忧，她的笑脸不够绚烂，她日子的信心来得有些艰难，可是她仍是瘪着脸对小男孩表明着一点点的鼓励，对他的明理和关于日子的期望给予高度的奖励。

人生之路是曲折而又漫长的。有太多太多的烦恼与忧伤，你可能曾经埋头苦干过，挑灯夜读过；你可能踏踏实实、认认真真地工作过；你可能……但你没有得到你所应该拥有的一份回报，你可能换来的是一丝悲痛与绝望。也许你扬帆远航于人生的海洋上，遇到了一场暴风雨，你的小船漂浮不定。请你不要抛弃期望，因为风雨之后，会是鸥翔鱼游的天水一色。也许你迈步挺进在人生的道上，陷入了一片荆棘地，你的天空顿时阴霾。请你不要抛弃期望，因为走出荆棘，前面就是铺满鲜花的康庄大道。也许你艰辛攀登在人生的山峰上，忽然天昏地暗，你的眼前迷茫一片。请你不要抛弃生命当中的任何一丝期望，因为登上山峰，在你的脚底下将是积翠如云的空蒙山色。

当一个女孩站在一座几十层高的大楼上，准备告别这个世界的时分，突然看到东方喷薄而出的朝阳。在决定生死的刹那间，她发现不管是成功者仍是失利者，都沐浴着同一个太阳的光芒。或许，再坚持一下，她也会有成功的期望。因而，她乘着生命的航船，又一次回到了青春的起跑线上。

期望，是一种力量，是期望挽救了这个接近绝望的女孩。期望也是一次生命之中的升华，是一次飞跃，是一架阶梯。

人生之路是一条由绝望与期望所串联起来的七彩项链，由此生命才变得多姿多彩。青年人在日子中难免会为陷入窘境而感到绝望。在绝望时萌生期望，就能驱散心中的阴霾，让人从阴影中走出来，然后步入一个崭新的天地，拥抱湛蓝的天空。绝望会让人感到无比压抑、痛苦、备受折磨，而期望却让人振奋、欣喜、跃跃欲试。

绝望的人们会因为有期望的存在而不再绝望，而期望之后的绝望也会让人萌生新的期望，绝望与期望是形影相随的一对双胞胎。愚昧的人站在高山下只会感伤和叹息，而关于那些明智的人则会从山下努力地向山顶上面攀登，然后看到另一片新天地。

在许多时候，年轻人通常的失败不是败在绝望上面，而是败在不会在绝望中寻觅期望；有许多时候，我们只是一味地要求他人对自己应该怎样去做，而不懂得在自己身上寻觅根由。而实际上，人生的路途本身就是由期望和绝望堆砌而成的，期望连着绝望，而绝望也紧挨着期望。

有的人说，人生就像一盘棋，而输赢的关键也就只差那么几步。正所谓“一着不慎，全盘皆输”，而决定我们人生输赢的关键一点就是期望或绝望。

期望的本质就像一种金属，它之所以如此宝贵，那是因为它必须在绝望当中经过千锤百炼才可以提取到。因而绝望并不可怕，可怕的是不会在绝望里提炼期望。

我们都是一个和自己赛跑的人，我们都想争夺某种成功，途中的几次跌倒几次失利算得了什么，我们不能因而而认为自己永久是低微的，只需对日子充满期望，尝试着去拼搏一回，终有一天，你就会奇迹般地发现：其实我同他人是一样高啊！人生的路途上有鲜花也有荆棘，有成功自然也有失利，期望与绝望相伴而行，不要以为期望越大，绝望就越大”，一个人只需时时刻刻想着期望，总比没有期望好。在这个充满竞争的社会里，我们要学会不断给自己期望，不断给自己鼓劲；不断充实自己，坚持不懈地努力走下去，学做流浪的吉普赛人——即使自己一无所有，也要永久为自己歌唱，永久使自己充满成功的期望。

人生之中的每一个年轮都交织着悲愁与喜悦、失利与成功，只需对日子充满着无比期望、永不退让的人，才有可能得到日子的青睐。

面临着平平的日子，面临每一个普通而细微的日子，不要失去了青春的憧憬和梦想，不要迷失在尘世的光影之中。努力地给自己一个寄托精神的期望，给自己点一盏期望之灯！如今的日子变得愈来愈紧张了，社会中的每一次变革都牵动着人们的脚步，与此同时也绷紧了人们的神经。人们疲惫的神经一时还难以适应这种高节奏的变化。许多人在日子中失去了斗志和向上的精神，为日子所累，为自己所累，变得平庸消沉、随声附和，很年轻就学会了以最无聊的麻痹来保护自己。他们埋怨社会的不公平，痛恨人情世故的冷淡，感叹许多应该去珍惜的东西都在悄然之间慢慢地消逝而去。他们失去了真实的自我，日益变得更加消沉的同时也更加脆弱，却还在固执地骂这个世界，骂这个社会，骂一切使我们心烦的人和事。直到有一天蓦然回首才会惊奇地顿悟：我们每天所感叹的，就是自己正在失去的，也是自己最应该去珍惜的一些东西。

在人生之中的许多时候都需要我们默默地去承受忍耐，在生命曲线处于低谷的时分，我们更不能抛弃心中的信仰和信心。生命中有许多重要的环节一旦掌握不住，就会形成恶性循环，一旦放纵，就会走向彻底消沉。面临每一天、每一个普通的现在，有人默默耕耘，几十年如一日；有人长吁短叹、寂寞空无、度日如年。其实这便是日子，这便是人生，不同的日子自然就会有不同的人生。

生命之中既有辉煌，也有平平。人的一生不可能过得总是轰轰烈烈、潇洒而浪漫，我们面临着日子的现实，面临普通的每一天，不如给自己一个期望，给自己一个小小的期望，让自己的心中燃起一盏灯。向着期望去努力地斗争，跟着心灵的灯走。只需我们在耕耘的过程中付出了自己的真诚与汗水，不管我们收成到的是成功仍是失利，我们都会尝到生命付出与收成的艰辛和甘甜：也只需如此去做，我们才可以找到真实的自我，找到自己真实的价值。

没有期望，犹如在漆黑的大海上航行却没有灯塔，很容易迷失方向，一次失利并不代表永久失利，只需不断地给自己期望，才可以从失利的阴影中真实地站起来，才能走向成功。

任何磨砺，都是奋斗路上的垫脚石

一个把困难看作垫脚石的人，将会从困难中体会到快乐和幸福；而一个把困难看作绊脚石的人，只会从困难中体会到悲痛和失利。

在我们的身边有这么一些人：他们不敢正视困难，对自己也没有任何信心，认为自己做这个不行，做那个也不行，是个彻头彻尾没用的家伙。他们根本无法振作精神，更谈不上与困难面临面地交战。脆弱的心理导致他们经不起一点点的波折打击，即使问题出现转机，有了好时机，他们也会因沉浸在消沉懊丧之中而难以察觉，而错失这个好时机，最后很可能就错失了一次成功。

要知道，困难是一个人磨炼意志、提高工作才能和丰富实践经验的最好的时机。从困难中，你可以学到通常状况下难以接触到的东西，让自己逐渐变得成熟而勇敢，对工作的处理更得心应手。如果学会了在窘境中斗争，顺境中的事情对你来说都将算不了什么，因为需要的技能和意志在困难中已经得到了磨炼和提高。

世界超级小提琴家帕格尼尼是一位磨难者。4 岁时一场麻疹和强制性昏厥症，已使他快入棺材。7 岁患上严重肺炎，不得不大量放血治疗。46 岁牙床突然长满脓疮，只好拔掉几乎所有的牙齿。牙病刚愈，又染上可怕的眼疾，幼小的儿子成了他手中的拐杖。50 岁后，关节炎、肠道炎、喉结核等多种疾病吞噬着他的肌体。后来声带也坏了，靠儿子按口型翻译他的思想。他仅活到 57 岁，口吐鲜血而亡。死后尸体也备受磨难，先后搬家 8 次。

但生前，帕格尼尼好像觉得自己并不是一个灾祸缠身的不幸者。他长期把自己囚禁起来，每天练琴 10 小时至 12 小时。13 岁起，他开始游历各地，过着流浪的日子。除了儿子和小提琴，他几乎没有一个像样的家和其他亲人。

可帕格尼尼是一位天才。3 岁学琴，12 岁就举办首次音乐会，并一举成功，轰动舆论界。在之后的阅历中，他的琴声遍及法、意、奥、德、英、捷等国。他的演奏使首席提琴家罗拉惊异得从病榻上跳下来，无颜收他为徒。他的琴声使卢卡观众欣喜若狂，宣布他为共和国首席小提琴家。在意大利巡回演出产生了奇特效果，人们到处传说他的琴弦是用情妇的肠子制造的，魔鬼又隐藏妖术，所以他的琴声才魔力无穷。维也纳一位瞎子听他的琴声，以为是乐队演奏，当得知台上只他一人时，大叫“他是个魔鬼”，随之匆忙逃走。巴黎人为他的琴声陶醉，早忘掉正在流行的严重霍乱，演奏会仍然场场爆满……他不但用独特的指法和充满魔力的旋律征服了整个欧洲和世界，而且发展了指挥艺术，创造出《随想曲》《无穷动》《女妖舞》和6部小提琴协奏曲及许多吉他演奏曲。几乎欧洲所有文学艺术大师如大仲马、巴尔扎克、肖邦、司汤达等都听过他演奏并为之激动。音乐评论家勃拉兹称他是“操琴弓的魔术师”。歌德评价他“在琴弦上展现了火一样的魂灵”一李斯特大喊：“天啊，在这四根琴弦中包含着多少磨难、痛苦和受到残害的生灵啊！”人们不禁问，是磨难成果了天才，还是天才特别热爱磨难？这问题一时难以说清。但人们分明知道，弥尔顿、贝多芬和帕格尼尼被称为世界音乐史上三大怪杰，居然一个成了瞎子、一个成了聋子、一个成了哑巴！磨难是最好的大学，当然，你必须首先不被其击倒，然后才能成果自己。

在竞争激烈的职场中，有人靠自己的智慧和才能，抢占先机取得了事业上的成功，有人却屡遭波折和困顿，经受着失利的痛苦。成功和失利关于一个人来说总是在变化着的。你面临的究竟是失利仍是成功，许多时候要看你怎么掌握。

成功的关键就是你是否经得起困难的磨炼。如果将每次的困难都看成是不可逾越的高山，那么前一次的困难就为下一次的困难埋下了种子。如果把困难当作训练自己的时机，那么每一次的困难就为将来的成功奠定了基础。

一家著名的汽车销售公司要招聘10名职员，经过严格的笔试和面试，公司从300多名应聘者中选出了10名佼佼者。

公布结果那天，一个叫卡尔的青年在布告栏上没有发现自己的名字，痛不欲生，回到家中便要自杀，幸好亲人及时发现，将他救了过来。

这时，从那家公司传来好音讯：卡尔的成绩本来名列前茅，只是因为计算机录入的错误，才导致了卡尔的落选。

正当卡尔一家欢欣庆幸时，却又传来音讯：卡尔被公司除了名。

原因很简单，公司的老板认为：“如此小的波折都经受不了，这样的人肯定在公司里干不成什么大事。”所以说，检验一个人的才能最好是在他处于窘境的时分。看一看他是否经得起困难的磨炼，困难能否可以唤起他更多的勇气，能否使他发挥出更大的潜力。

一个能勇敢面临困难，独当一面的人，他会是老板和同事最得力、最靠得住的帮手。他知道困难不会让他的成功来得更迟，而是来得更早。

其实，任何的磨砺都是有益的。这是对自身才能的一种锤炼和加强。至少下一次，对你来说就不再是困难，而可以轻松地跳过。

成功的关键就是你是否经得起困难的磨炼。如果将每次的困难都看成是不可逾越的高山，那么前一次的困难就为下一次的困难埋下了种子。如果把困难当作训练自己的契机，那么每一次的困难就为将来的成功奠定了基石。

所谓的绝境，不过是自己吓自己

在每个人的一生中，都会遇到一次或多次窘境，可是，只需你努力斗争，就可以从窘境中走出来。所以，人生没有什么真实的绝地，只需在绝地面前损失信心，不肯再努力的人。而那些轻视困难的人，最终都能打败困难。

1883 年，美国最富有创造精神的工程师约翰·罗布林雄心勃勃地准备缔造一座横跨曼哈顿和布鲁克林的大桥。可是，桥梁专家们却劝他说这个计划纯属天方夜谭，不如趁早抛弃。罗布林的儿子华盛顿·罗布林——一个很有出路的工程师，也确信这座大桥可以建成。父子俩克服了种种困难，在构思着建桥方案的同时，也说服了银行家们投资该项目。

出人意料的是，大桥开工仅几个月，施工现场就发生了灾难性的事故。父亲约翰·罗布林在事故中不幸身亡，华盛顿的大脑也严重受伤。许多人都以为这项工程会因此而泡汤，因为只需罗布林父子才知道怎么把这座大桥建成。

尽管华盛顿·罗布林损失了活动和说话的才能，但他的思维还同以往一样敏锐。他决心要把他们父子俩费了许多心血的大桥建成。

一天，华盛顿·罗布林脑中忽然一闪，想出一种用他仅有能动的一个手指和他人交流的方式，他用那根手指敲击他妻子的手臂，经过这种暗码方式由妻子把他的规划意图转达给仍在建桥的工程师们。

整整13年，华盛顿就这样用一根手指指挥工程，直到雄伟壮观的布鲁克林大桥最终落成。

无独有偶。法国有一名记者叫博迪，在他年轻的时候因一场事故导致四肢瘫痪。在全身的器官中，仅有能动的只需左眼。可是，他仍是决心要把自己在病倒前就构思好的作品完成。

博迪只会眨眼，所以就只需经过眨动左眼与助手沟通，向助手背出他的腹稿，然后由助手抄录下来。助手每一次都要按秩序把法语的常用字母读出来，让博迪来挑选，当他读到的字母正是文中的字母时，博迪就眨一下眼表明正确。因为博迪是靠记忆来判别词语的. 有时不一定准确，他们需要查辞典，所以每天只能录一两页，可以想象他们两个人的工作是多么的艰难！几个月后，他们历经艰辛终于完成了这部著作。为了写这本书，博迪共眨了20多万次眼。这本不普通的书有

150 页，它的名字叫《潜水衣与蝴蝶》。

一根手指就可以缔造一座大桥，一只眼睛就可以写出一本书，还有什么是不可能的呢？只需你勇于轻视困难，这个世界上就不会有什么真实的“绝地”。

不管黑夜多么漫长，太阳总会冉冉升起；不管风雪怎样肆虐，春风终会缓缓吹拂。当波折接连不断，当失利如影随形，当命运之门一扇接一扇地关闭，我们永久也不要怀疑：总有一扇窗会为你打开，世界上从来就没有什么真实的“绝地”。

普雷斯顿是美国田纳西州一家银行的负责人。一次，因为大环境不景气，普雷斯顿地点的银行爆发了挤兑风潮，银行面临破产的危险。

这时，银行的职员都不知所措，有的建议对急于取款的人们采纳安慰措施，有的则建议向存款人一一做出解释。事实上，这些措施都是消沉的行为，因为谁也不肯直面这样的困难，谁也没有勇气在最困难的时刻去采纳一些积极的拯救银行的行动。

可是，普雷斯顿却十分理智，他清楚地意识到，此时如果不采纳积极的行动，银行就会倒闭。于是，他向大家宣布：凡是要求实现者，不管金额多少，一律照兑。可是，紧接着他又宣称——凡是不信任他们银行的客户一概不予承受。有一位顾客想试探一下他是否在虚张声势，提出要立即取出自己的存款。普雷斯顿迅速为他办理了取款手续。当那位顾客接过厚厚的一沓钞票时，他信任普雷斯顿地点的银行不会倒闭。于是，他决定仍是把钱持续存在这家银行。

然后，这位顾客跑到银行大门口，通知那些急于实现的顾客：“这家银行绝对牢靠，刚才我已取到现款，但我信任他们，所以我又把钱持续存在这家银行了，因而你们的忧虑是多余的，请信任这家银行吧。”

因为这位顾客的现身说法，其他急于实现的顾客便都打消了取款的念头。就这样，普雷斯顿的银行顺畅地渡过了危机，避免了破产的厄运。

我们不难想象，当巨大的困难降临到普雷斯顿地点的银行时，假设他被困难吓倒而束手无策，那么他地点的银行必定会破产，可是，普雷斯顿却挑选了另一种理性的方式——轻视困难，并把困难视作难得的机遇。

实际上，我们每个人在日子中都会遇到各种各样的困难，而解决困难最好的对策就是轻视它，并把它视为机遇。如果你在困难来临时退让，或是向困难低头，那么你就有可能一辈子因抓不住降临到面前的机遇而碌碌无为。

斯迈尔和人合伙开了一家石油公司。一次，他率领雇请的钻探队员和工程师来到美国的中南部俄克拉荷马州寻觅石油。勘探队在这里寻觅了6个月，打了13口井，都没有勘探到石油。斯迈尔有些焦急了，因为勘探队一直没有勘探出石油，他却每天都得支付一大笔开支。

当斯迈尔看到带来的钱已花得差不多时，便给公司打电报，让合伙人迅速汇来一笔款子，否则，工人和工程师们如果领不到薪酬，会撤手不干的。可是，公司却给他传来了令人绝望的音讯，他那位留守公司的合伙人见半年时间了还未找到一滴石油，却花费了一大笔资金，于是心灰意冷，偷偷地拿着公司剩下的资金逃跑了。

得到这个音讯后，斯迈尔想到如果持续勘探，那么自己要独立承担风险，更为重要的是，他现在手头上已没有钱了，而没有钱什么事都干不成。于是，斯迈尔决定解散勘探队，让他们自谋生路。

“先生，您能想办法筹到一笔款，渡过眼前的难关吗？我信任在这里能找到石油。这口井已钻了3000米了，不持续钻下去真是太可惜了！”

一位年迈的工程师说。

“不，要持续留在这里勘探，我面临的困难就更多，既要支付每天庞大的费用，还要承担巨大的风险，鬼才知道这里究竟有没有石油呢。”斯迈尔说。

就这样，斯迈尔解散了勘探队，自己也回到总公司收拾残局去了。

可是，事情出乎斯迈尔意料的是，自己废弃的那口井被后来的一支勘探队接着钻了下去，在钻到 5000 米的深度时，终于发现了石油。

在面临困难时，如果斯迈尔不是抛弃，而是勇敢地上对，并积极地寻觅克服困难的方法，那么今天的他就不会仍然在经营着那半死不活的公司，而早已跻身于石油大亨的行列了。

问问自己，遭受困难时，你努力过吗？你是把困难当作机遇还是当作前进路上的绊脚石？如果是前者，你肯定能获得成功；如果是后者，成功则会与你无缘。因而，面临困难我们应该竭尽所能去克服，而不是躲避或抛弃。

人生没有什么真实的绝地，只需在绝地面前损失信心，不肯再努力的人。而那些轻视困难的人，最终都能打败困难。

每一次波折，都让人快速成长

一位心理学家曾说：“波折是成功的前奏曲，因波折而一蹶不振的人，是日子的弱者，视波折为人生财富的人，才会获得成功的桂冠。”的确，许多成功者都是在经过多次失利后才获得成功的。

英国著名学者、作家迪士累利在遭受了一系列失利的打击之后，才在文学范畴取得了人生历程的第一个成果。他的作品《阿尔罗伊的奇特传说》和《革命的史诗》遭到了人们的冷言冷语，甚至有人骂他是个精神病患者，他的作品也被人们视为神经错乱的标志。但他毫不气馁，仍然坚持不懈地从事文学创造，后来终于写出了《康宁斯比》《西比尔》和《坦康雷德》等优秀作品，被人们誉为文学精品，深受读者喜爱。

迪士累利是一个出色的讲演家，但他在国会下院的首次讲演却以失利而告终，被人戏称为“比阿德尔菲的滑稽剧还要凶猛的尖锐叫嚷声而已。”迪士累利虽然在乐队担任词曲作者，但他却雄心勃勃，一心想创造出一流的词曲作品来，可是他所创造的每一句词曲都得到了人们的“哄堂大笑”，悲剧《哈姆雷特》被他演奏成了与原剧的风格风马牛不相及的喜剧。

自己那充满学识的演讲屡次遭到人们的冷言冷语，迪士累利苦恼至极，举起双臂大声向人们喊道：“我已多次尝试过许多事情了，这些事情不都是在你们的嘲讽下最终取得了成功。我坚信今天的嘲讽只会令我更加努力。总有一天，你们听到我讲演的时时机再次来到，到那时，也许该讪笑的是你们！”真的，正如迪士累利所说，这一天果真来了。最终，迪士累利在世界第一次绅士大会上发表了扣人心弦的讲演，向人们展现了勇往直前的力量和决心将会干出多么出色的成果，因为迪士累利就是靠辛劳和汗水获得了这样的成功。

成功就是最好的证明。他不像许多年轻人那样，遇到失利和波折就一蹶不振，就躲到阴暗的角落里再也不敢见人。迪士累利不是这样的人，他遭受失利的打击后仍然会持续努力，更加斗争不止，勇往直前。他认真地反思自己，抛弃身上存在的缺陷，发扬受公众欢迎的长处，孜孜不倦地练习讲演的艺术，刻苦学习议会知识。为了成功，一次次地用“成功就是最好的证明”来鼓励自己。最后成功终于来了，虽然来得确实慢了点：最后议会同他一同欢笑，而不是讪笑。早年失利的记忆自此从头脑里烟消云散，此时公众共同认为，他是议会里最成功和最有感染力的议长之一。

迪士累利在遭受波折的打击后，不是消沉，而是坚持不懈，直到取得成功。他的阅历向我们揭示了这样一个真理：“成功只属于日子的强者！”而要做日子的强者，获得事业上的成功，就必须打败人生路途上的艰难险阻，克服各种各样的波折与坎坷。

美国国际商用机器公司 (IBM) 的创始人托马斯·约翰·沃森生于美国纽约州北部一个贫穷的农民家庭。父亲是来自英国的移民，靠伐木和种地谋生。

17 岁时，沃森便赶着马车替老板到农户家推销缝纫机、钢琴和风琴。他整天奔波在崎岖的乡间小路上，挨门挨户兜售。开始，他对老板付给他每星期 12 美元的薪酬还挺满意，然而，后来他从另一个推销员那里得知，他实际上被老板骗了，因为其他推销员通常拿的是佣金，而不是薪酬，如果按佣金计算，他每个星期应得 65 美元。当他找到老板要求补发薪水时，却被告之公司已解雇了他，理由是他工作不努力。沃森虽然不服气，却又找不到说理的地方，他只好带着受挫的心离开家乡，来到大城市布法罗，期望能找到按佣金付酬的推销员工作。

当时正是经济萧条时期，城里的工作也适当难找。两个月了，沃森才被一家公司录取为推销缝纫机的推销员。后来，他又推销股票，十分困难积攒了一笔钱，开了一家肉铺。但好景不长，他的合伙人在一个早上把他的全部资金席卷一空溜走了。肉铺倒闭，沃森破产了，只好又干起推销的老本行。他在国民收银机公司当一名推销员。几经波折的沃森怎么也没想到，这正是他掌握自己命运、走上成功之路的起点。

国民收银机公司的总裁约翰·亨利·帕特森是一个出色的现代商业先驱，也是现代销售术的鼻祖。沃森在他手下干了18年，他的推销艺术和经营之道对沃森产生了巨大而深入的影响。在帕特森的严格训练下，沃森如鱼得水，充分发挥出自身的潜能。

进入国民收银机公司仅仅3年后，沃森就成了公司的明星推销员，其佣钱破纪录地达到一星期1225美元。后来，沃森被提升为分公司经理。

到1910年，他已经成为公司中仅次于帕特森的第二号人物。但在那以后，厄运又一次向他袭来。

以独裁专横出名的帕特森，总是解雇虽有功绩但可能对他形成威胁的雇员。1913年夏天，帕特森相信一个副总裁的谗言，认为沃森拉帮结伙、扶植亲信，便决定辞退他。

沃森努力为自己申辩，但毫无结果，无奈于次年4月愤而辞职。他发誓要做出一番属于自己的事业。就在走出公司办公大厦时，他转身对一个朋友说："这里的全部大楼都是我协助筹建的。现在我要去另外创建一家企业，一定要比帕特森的还要大！"后来，他果然创办了具有国际声誉的IBM公司。

没有人的事业会一帆风顺，在遭受屈辱、波折时，你是挑选躲避，仍是挑选坚强面临呢？如果是后者，你就可以把屈辱变成力量，然后改变自己的人生。正如诺曼·文森特·皮尔所说："逆境，要么使人变得更加伟大，要么使人变得非常渺小，从来不会让人保持原样。"的确，当我们身处逆境时，如果不屈服于命运的组织，不抛弃自己的信仰，就一定可以得到我们所追求的东西。

波折是成功的前奏曲，因波折而一蹶不振的人，是日子的弱者，视波折为人生财富的人，才会获得成功的桂冠。

所有的坚强，都是痛苦过后的铠甲

一位失意的年轻人曾向自己过去的一位老师诉说自己如何如何不幸。老师递给他一颗花生，说："用力捏它。"年轻人用力一捏，花生的壳便碎了，露出了花生仁。然后，老师叫他再搓搓它，结果，花生的红衣也被搓掉了，只留下了白白的果实。

老师叫他再使劲捏捏，年轻人迷惑不解，但还是照着做了。可是，不论他如何用力，却怎么也捏不碎这粒花生仁。老师同样叫他再搓搓，结果还是搓不烂这粒花生仁。

最后，老师语重心长地告诫年轻人："虽然屡受打击与磨难，失去了很多东西，也改变了许多东西，但始终都要拥有一颗坚强不屈的心，这样才会最终实现梦想。"一个人的一生不可能总是一帆风顺的，总会遇到各种各样的困难与挫折，就像唐僧必须在经过九九八十一难之后，才能求取到真经。如果在困难与挫折中失去了前进的方向，失去了前进的动力，那么，不管是做人还是做事，都是不会成功的。大凡有所成就的人，大部分都是从苦难中经历过来的。

勇敢地直面挫折，是一种灿烂的美丽，坚强也是一种美丽。

那些处在贫困生活中的母亲，用自己单薄的双肩承担着生活中各种各样的困难。在这样的家庭长大的孩子则在用坚强去向人们展示不放弃追求美好的生活和辛勤的耕耘。

明菲是一所师范大学的学生，她来自一个贫困的农村家庭，和所有的贫困生一样，她从接到录取通知书的第一天起，就开始为如何筹集学费、生活费而发愁，但是艰难的求学之路，并没有挡住她前进的脚步。

她带着没有凑齐的费用上路了，到学校的时候，她申请了一笔助学贷款，但是为数不多的贷款仅仅让她不再为学费发愁而已，生活费等还是一笔很大的开支。因此，她决定去打工来维持自己的开支。她先后在校外找了几份兼职工作，可是因为她刚刚步入社会，没有什么经验，不是被黑中介骗了钱，就是被公司克扣工资。

最后，她不仅没有赚到钱，还白搭进去了一些钱。但是她还是没有放弃，听师哥师姐们说做家教可以赚钱，于是她便到附近的学校门口推销自己。苦心人，天不负。她终于找到了她的第一份工作——周末给一个六年级的女孩辅导功课。

系里听说了她的情况后，便给她提供了一个勤工俭学的机会——让她承包打扫教室。

每天五点，明菲就从床上爬起来，拎着扫帚和拖把去教室干活了。

而在打扫教室的过程中，明菲发现同学总是把很多饮料瓶、废纸放在桌厢里，要知道这在老家可以卖很多钱的。于是，她把它们都收集起来，准备卖给废品站。

坚强的明菲，为了省下一元钱，回家时，她总是从学校走到火车站，返校时，同样是步行回到学校。

而她的生活费用低得也是不能再低了，每个月仅仅60元。看到同学们用现代化的电脑轻松地收集资料的时候，她只能用最为原始的抄写方法整理自己的资料，在大学四年间，她在书店和图书馆摘抄的文字达到百万。经济的贫困并没有压倒这个坚强的女孩，这个物欲横流的社会丝毫没有对这个坚强的女孩产生影响。

一在学校里，明菲从不因为自己穷，就觉得比别人矮一等。她时刻用简·爱的话：“我们站在上帝的面前是平等的”来鼓励自己。她收废品的工作也从来不会背着别人进行，而是用快乐的笑容面对所有的同学。她身边的同学都觉得明菲非常坚强，都不由得对这个坚强的女孩生出一分敬意来。

人人都向往蝴蝶在天空翩翩起舞的时候，可是又有几个人知道破茧时那生死之间的痛苦？而明菲却用坚强掩盖了这份痛苦，为自己插上了一对远行的翅膀。

一个人的一生不可能总是一帆风顺的，总会遇到各种各样的困难与挫折，就像唐僧必须在经过九九八十一难之后，才能求取到真经。

人生豪迈，不过是从头再来

通常情形下，“失败”一词是消极性的。但拿破仑·希尔将这两个字赋予一个新的意义。

因为这两个字经常被人误用，而给数以百万计的人带来许多不必要的悲哀与困扰。

他解释道：“这里，先让我们说明‘失败’与‘暂时挫折’之间的差别。且让我们看看，那种经常被视为是‘失败’的事，是否在实际上只不过是暂时性的挫折而已。还有，这种暂时性的挫折，实际上就是一种幸福，因为它会使我们振作起来，调整我们的努力方向，使我们向着不同的但更美好的方向前进。”不管是暂时的挫折还是逆境，都不会在一个人意识中成为失败，只要这个人把挫折当作是一种教训，事实上，在每一种逆境及每一个挫折中都存在着一个持久性的大教训。而且，通常说来，这种教训是无法以挫折以外的其他方式获得的。

挫折通常以一种“哑语”向我们说话，而这种语言却是我们所不了解的。

如果这种说法不对的话，我们也就不会把同样的错误犯了一遍又一遍，而且又不知从这些错误中吸取教训。

也许，拿破仑·希尔能协助我们解释挫折意义的最佳方法，就是带你回顾他本人将近30年的亲身经历。在这段时间里，他曾经七次遭遇转折点——也就是一般人通称的“失败”。在这7次转折中的每一次，他都以为自己遭遇了令人沮丧的失败。但后来，拿破仑·希尔明白，看起来像是失败的，其实却是一只看不见的慈祥之手，阻挡了他的错误路线，并以伟大的智慧强迫他改变方向，向着对他有利的方向前进。在他的《成功学全书》中，拿破仑·希尔跟大家分享了这七次转折点。

第一个转折点：拿破仑·希尔自一所商业学校毕业之后，找到了一个速记员兼簿记员的工作，并且一连干了5年之久，由于一直奉行那种“任劳任怨，不计酬劳”的原则，因此，拿破仑·希尔晋升得很快，所获得的薪水及所负的责任，都超过了他当时年龄的标准。他的银行存款达到几千元，很多人竞相聘请他。

为了对抗这些竞争者的争相聘请，拿破仑·希尔的老板把他提升为该矿业公司的总经理。他很快就达到了“世界的高峰”。

但这却是他命运中的悲哀部分——拿破仑·希尔本人也知道。

接着，命运之神伸出和善的双手，轻轻推了他一下。拿破仑·希尔的老板宣告破产，他则失去了工作。这是拿破仑·希尔遭遇的第一次挫折。

第二个转折点：他的第二项工作是在南部的一家大木材厂担任销售经理。他对木材一无所知，对于销售管理亦所知不多。但拿破仑·希尔已经懂得“任劳任怨，不计报酬”的道理，而且他也知道，应该主动去发现工作来做，不等待别人来指挥自己做什么。银行中的丰富存款，加上他在以前工作中不断晋升的优良纪录，令拿破仑-希尔产生了所需要的一切自信心。

拿破仑·希尔在新公司晋升很快，在第一年内，他的薪水已经增加了两次。他在管理销售方面的表现太好了，因此，老板邀请拿破仑·希尔和他合伙。他们立刻就开始赚钱，拿破仑·希尔又再度觉得自己是处在“世界最高峰”了。

站在所谓的“世界最高峰”，能够使人得到一种十分美好的感觉。但是，那却是一个很危险的站立地点，除非你站得很稳。因为如果你站得不稳，你将会摔得十分惨痛。

在那时候，拿破仑·希尔却一直未曾想到，成功是应该以金钱和权势以外的事物来衡量的。也许这是因为事实上他当时拥有了太多的金钱，也拥有了超过了当时安全使用能力的太多的权力。

命运之神却在前面等着，它拿了一根结实的棍子，正准备重重地打拿破仑·希尔一顿。

就如同晴天霹雳一般，1907年的大恐慌降临在他身上。在一夜之间，它为拿破仑·希尔提供了一项令他毕生难忘的服务：它毁掉了他的事业，夺走了他所拥有的每一块钱。

1907年的大恐慌，以及它所带来的挫折，使拿破仑·希尔从木材业转行去研究法律。

在这个世界上，除去挫折之外，没有任何事物能够造成这种结果，因此，他生命中的第三个转折点就如此地乘着大多数人所谓“失败”的翅膀，飞进他的生命中。

第三个转折点：拿破仑·希尔上了法律学校的夜间部，白天则去当一名汽车推销员。他在木材业的销售经验在这时候帮了大忙。他很快就发达起来，销售成绩很好，使他获得了进入汽车制造业的良好机会。他注意到，汽车厂十分需要受过专业训练的汽车技术工人。因此，拿破仑.希尔在汽车厂内开办了一个训练部门，开始把一般的工人训练成为汽车装配及修理技工。这所训练班成效极为良好，每个月给他带来1000多元的纯收益。

于是，拿破仑·希尔再度觉得自己又“功成名就”了，当时他依旧认为，所谓的成功就是金钱和权势而已。

他存款的那家银行的经理知道他的情况良好，因此就借钱给他扩展业务。

这位银行经理不断借钱给他，使他债台高筑，到最后再也还不起，然后很镇静地把拿破仑·希尔的事业接收过去，仿佛它本来就是属于自己的，而事实上也的确如此。

拿破仑·希尔从一个每月有1000多美元收入的人，突然间又变成了一文不名的穷人。

一切美好的景象突然消失了，金钱与权势也随之烟消云散。一直到许多年之后，拿破仑·希尔才发现，这种暂时性的挫折，可能是他一生中所遭遇的最大幸运了，因为它强迫拿破仑·希尔退出这样一个既不会增加自己的知识，也不会协助增加他人知识的行业，而把他的努力方向转变到另一种行业，使他获得他所需要的丰富经验。

在一生当中，拿破仑·希尔第一次问自己，一个人在功成名就之后，是否能够找到金钱与权势之外其他有价值的事物。但这种疑问只是偶尔出现在他的脑海中，而且他也未一路追踪下去获取答案。

在经过最艰苦的一次挣扎之后，拿破仑·希尔终于接受了这次暂时的挫折，而且错误地认为它是“失败”，然后就进入他一生当中下一个转折点。

第四个转折点：由于妻子娘家的帮忙，拿破仑·希尔立刻又得到了一项工作，担任一家世界上最大的煤矿公司的首席法律顾问的助手。他的薪水比一般新手多得太多了，和他对该公司的价值真是不成比例。但由于有人推荐，拿破仑·希尔还是安坐在公司中。同时，拿破仑·希尔展开努力，对自己缺乏法律技术这个缺点尽力弥补。

对于这项工作，拿破仑·希尔足可愉快胜任，而且实际上已经拥有了一个可以享用终生的铁饭碗了。但拿破仑·希尔并未和朋友做任何商量，也未事先提出警告，就辞职了。

这是由拿破仑·希尔自己选择的第一个转折点。它并不是强加在拿破仑·希尔身上的。他看到命运之神那个老家伙向他走过来，他立刻赶上去，在门口将它打倒了。

他之所以辞掉那项工作，是因为那项工作太容易了，他轻松愉快就足以胜任。拿破仑·希尔发现自己即将养成懒惰的习惯，他知道，紧接着，自己就要退步了。他在公司里面的朋友太多，因此，他没有必要努力工作，以求表现。四周都是他的朋友和亲戚，而且自己还拥有一项终生保障工作。他心想：“我还需要什么呢？”“什么也不需要！”他开始这样告诉自己。

就是这种态度，使拿破仑·希尔觉得自己已经在逐渐退步了。为了某种他至今仍然不知道的原因，拿破仑·希尔采取了在许多人看来疯狂的举动——辞职。尽管他在当时可能对其他事务极其无知，但拿破仑·希尔却很感激他竟然有足够的判断力去体会只有经过不断努力和奋斗才能产生的力量与成长，这种力量与成长如果停止了，就会造成虚脱与腐败，他选择芝加哥作为开创新事业的地点。这样做是因为他相信，在芝加哥这个地方可以看出一个人是否具备在这个竞争激烈的世界中生存所必要的条件。拿破仑·希尔下定决心，如果自己在芝加哥从事的任何行业中能够获得一些成就，那就证明自己具有可以发展成为真正能力的潜能，这就是一个很奇怪的逻辑过程。

在芝加哥，他的第一个职位是一所规模函授学校的广告经理。他对广告所知不多，但他以前有过担任推销员的经验，再加上他任劳任怨，不计报酬，因此拿破仑·希尔得以在此展开杰出的表现。

第一年，他赚了 5200 美元。

拿破仑·希尔很快就“东山再起”了。慢慢地，成功的美景又开始在拿破仑·希尔四周盘旋，他再度看到成堆的钞票就在伸手可及的地方。盛宴之后就是饥荒，历史上有很多这种证据。拿破仑·希尔很高兴享受了一顿丰盛的大餐，却未预料饥饿将接着来到。工作得相当不错，因此得意扬扬，对自己极为欣赏。

自我陶醉是一种很危险的心境。有一种伟大的真理是许多人所不知道的，必须等到时间老人把柔软的双手按在他们肩上之后，他们才会恍然大悟。有些人却永远不会获知这种真理，而真正知晓这种真理的人，最终会了解挫折的“哑语”。

第五个转折点：在这家函授学校担任广告经理时，拿破仑·希尔的表现极为良好，因此，这家学校的校长说服拿破仑·希尔辞去了这项工作，和他合伙从事糖果制造业。他们成立了“贝丝一洛丝糖果公司”。

拿破仑·希尔出任该公司的第一任总裁。

他们事业扩展极为迅速，不久，就在18个城市中成立了连锁店。糖果事业的利润极高，于是拿破仑·希尔又认为自己已经接近成功了。

一切进行得十分顺利，但拿破仑·希尔的合伙人和他们邀请入伙的另外一位合伙人，却暗中策划阴谋吃掉拿破仑·希尔在公司中的股份。

从某一方面来说，他们的计划成功了，但拿破仑·希尔的反抗远比他们所想象的更不好对付。所以，他们利用伪造的罪名，使拿破仑·希尔被捕，然后提议撤销这些控告，条件是拿破仑·希尔必须把股份让给他们。

第一次开庭即将开始之前，拿破仑·希尔的证人竟然消失不见。但拿破仑·希尔还是想法子找到了他们，强迫他们站到证人席上，发表他们的证词，结果拿破仑·希尔获得胜诉，并向法院提出反诉，要求诬告者赔偿损失。

这件官司使得拿破仑·希尔和他的合伙人之间的关系完全破裂，最后并使拿破仑·希尔赔光了自己在这家公司所有的股份。

拿破仑·希尔的损失赔偿是所谓的“民事侵犯”行为，他可以因受诬陷要求赔偿。在伊利诺伊州——也就是这项行为发生地的法律规定，如果赔偿判决成立，要求赔偿者可要求将被告关在牢里，直到他们付清赔款后，再予释放。

不久，拿破仑·希尔就获得胜诉，法院命令他的合伙人须付出赔偿。拿破仑·希尔可以要求把他们两人关入牢中。

这是拿破仑·希尔生命中第一次有机会对敌人进行重重反击。因为他已经拥有了一种厉害的武器——而且，这种武器是由敌人们亲自交给他的。

当时的感觉是十分奇怪的，最后拿破仑·希尔还是决定宽恕他们。

但在拿破仑·希尔尚未做出决定时，命运之神已开始严厉惩罚这些企图毁灭他的坏人，其中一位被判了很长的徒刑，因为他对另外一个人犯下一种罪行；而另外一位合伙人则沦为穷光蛋。

在当时，被警方逮捕是相当不荣耀的事，即使是被人诬告而坐牢。拿破仑·希尔并不喜欢这种经验。但拿破仑·希尔不得不承认，它为他带来的一切悲伤是值得的。它提醒拿破仑·希尔，自己可以原谅那些企图毁灭他的敌人，因此，敌人不但未能毁灭他，反而增强了他的力量。

拿破仑·希尔发现：只要对一些伟人的传记生平加以研究，人们就不会恐惧或逃避生活的考验，因为他们每一个都是经历了生活的严峻考验，最后才能功成名就。这不禁使他猜想，命运之神是否故意先以各种严厉的方法来考验人们，然后才把重大的责任加在他们肩上。

在谈到生命中的下一个转折点之前，拿破仑·希尔提醒我们注意这个意义重大的事实，即每一个转折点皆使他更为接近成功的终点，并为他带来某些极为有用的知识；并且，这些知识成为他生活哲学中永远存在的一个部分。

第六个转折点：这个转折点，可能比任何其他各次的转折点都使拿破仑·希尔更为接近成功的终点。

因为，它使拿破仑·希尔发现，必须把自己学会的遍及各行各业的知识加以利用。在他的糖果事业的成功美梦破产之后不久，这个转折点立即就出现了，拿破仑·希尔转移到中西部一家专科学校教授广告与推销技巧。

教学事业一开始就很成功。他在这所学校里开了一门课，同时主持了一所函授学校，几乎在世界上每个英语国家中，都有他的学生存在。尽管这期间经历了世界大战的破坏，教学事业仍然蓬勃发展，拿破仑·希尔再度认为自己接近了成功的终点。

接着，来了第二次征兵，把学校中的大部分学生都征召入伍了，几乎使学校因此而关门。在那一瞬间，他损失了7500多美元的学费，同时，自己也投入了为国家服务的行列。

拿破仑·希尔再度成了一文不名的穷光蛋。

从来不曾尝过一文不名的刺激滋味的人，是相当不幸的。因为，诚如波克所说的，贫穷是一个人所能获得的最丰富的经验。不过，他也建议说，一个人在获得这个经验后，要尽快地将它摆脱掉。

拿破仑·希尔当时已达到事业中最重要的一刻，人到这一地步，不是永远失败下去，就是鼓起新的精神，东山再起，获得更大的成就。这完全决定于他们如何解释过去的经验。如果拿破仑·希尔的生活经验故事在此停止，将对你毫无价值，但拿破仑·希尔另外又写了更重要的一章，详细说明生命中的第七个转折点，也是最重要的一个转折点。

经过拿破仑·希尔前面这六项转折点的叙述，你一定可以很清楚地看出，到这时候为止，拿破仑·希尔在这世界上并未真正地占有一席之地。你也一定可以很明显地看出，拿破仑·希尔的这些暂时性的挫折，绝大多数都是由于这个事实引起的：尚未找到一项可以投入全心全力的工作。要找一个最适合自己，以及自己最喜欢的工作，就像是要找一个自己最喜欢的人：这种寻找是没有规则可循的，但是，一旦接触上了，我们立刻就会发现。

第七个转折点：那一天是第一次世界大战的停止日——1918年12月11日，这场战争使拿破仑·希尔一文不名，但他还是感到很高兴，因为人类的大屠杀已经结束，人类文明再度恢复了理智。

站在办公室的窗前，望着外面欢欣鼓舞的群众正在热烈欢呼，庆祝大战结束的场面，拿破仑·希尔的思想却回到昨天，他的整个过去，包括辛酸与甜蜜，高兴与沮丧，一一浮现在眼前。

另一个转折点的时间来到了。

拿破仑·希尔在打字机前坐了下来，出乎意料，他的双手竟然开始在打字机的键盘上敲出有规律的音调来。他以前的写作从来不曾像当时那样迅速及轻松愉快。他既未计划，也未想到要写些什么，他只是把出现在脑海中的一切全部写下来。

不知不觉中，他已经为自己一生当中最重要的转折点打下基础。因为，拿破仑·希尔当时所写的那篇文章，后来使他资助了一家全国性的杂志。这篇文章对他自己的事业，以及另外数以万计的人产生了相当大的影响。

在这篇文章中拿破仑·希尔写道："战争已经结束了。从这场战争中，将产生一种新的理想主义——一种以'黄金定律'哲学为基础的理想主义。这种理想主义将指引我们，不是要我们如何去剥削我们的人类同胞，而是要我们如何去服务于他，在他遭遇生活上的挫折时，解除他的困难，使他更幸福快乐。"在这篇文章中，拿破仑·希尔还回忆了自己是如何从煤矿坑的一个普通矿工，跳升到最大一家矿业公司的首席顾问助理。而这一切都得要归功于他一直奉行的"任劳任怨，不计酬劳"的工作原则。

从拿破仑·希尔在七个转折点中所描述的生活经验中，他已经汲取了一些极为宝贵的知识，这些知识除了经由失败之外，别无其他的方法可以获得。

拿破仑·希尔自己的经验已经令他相信，只要我们一旦了解之后，失败的“哑语”是世界上最容易了解及最有效果的语言。拿破仑·希尔几乎忍不住要说，它就是宇宙通用的语言，当我们不去聆听其他语言时，大自然就以向我们呼叫。

拿破仑·希尔本人深信，“失败”是大自然的计划，它经由这些“失败”来考验人类，使他们能够获得充分的准备，以便进行他们的工作。“失败”是大自然对人类的严格考验，它借此烧掉人们心中的残渣，使人类这块“金属”因此而变得纯净，使它可以经得起严格考验。

“失败”是大自然对人类的严格考验，它借此烧掉人们心中的残渣，使人类这块“金属”因此而变得纯净，使它可以经得起严格考验。

苦难不会长久，阳光总在风雨后

这天，罗伯特.斯契勒来到芝加哥，向一群中西部农民发表演说。虽然他满腔热忱，但很快便被他们凝重的面色泼了一盆冷水。他们强作热情地接待罗伯特，其中有位农民告诉他说：“我们正过着艰苦的日子，我们需要帮助，我们最需要的是希望，给我们希望吧。”在罗伯特开始演讲前，主持人向这些听众做介绍，他把罗伯特形容为一个成功的人，但是听众不知道，罗伯特也曾走过他们现在所走的路。

罗伯特的童年是在中西部的一个小农场里度过的。他的父亲本来是一个雇农，后来攒够了钱才买了一个65公顷的农场。经济大萧条时，罗伯特才只有3岁。那年冬天，他们有时连煤也买不起。那时候罗伯特也要工作，他要爬进猪栏，捡拾猪吃剩后的玉米棒子，用来做燃料。

那些日子真苦啊！第二年春天，又遇到严重春旱。罗伯特的父亲准备把辛辛苦苦留起来的几斗宝贵玉米用作种子。

“种了可能枯死，何必还要冒险去种呢？”罗伯特问。

他父亲却说：“不冒险的人永无前途。”于是，他父亲把留起来的最后一些玉米粒和燕麦，全都拿出来种了。可是，第四个星期过去了，还不见有雨来临，父亲的脸绷得紧紧的。他和其他农民聚在一起祈祷，请求上帝拯救他们的田地和作物。后来，雷声终于响起。天下雨了！虽然罗伯特雀跃万分，但是他的父母知道雨下得不够。骄阳不久就再次出现，天又热起来了。他父亲抓了一把泥土，只有上面四分之一是湿的，下面全是粉状的干泥。

那年夏天，罗伯特看见弗洛德河逐渐变得干涸，小水坑变成泥坑，平时来去扭动的鲶鱼都死了。他父亲的收成只有半车玉米，这个收成和他所播的种子数量刚好相等。父亲在晚餐祈祷时说：“慈爱的主，谢谢你，我今年没有损失，你把我的种子都还给我了。”当时并不是所有的农民都像他父亲那么有信心，一家又一家的农场挂起了“出售”的牌子。他父亲当时请求银行给予帮助，银行信任他，而且帮助了他。

罗伯特还记得童年时穿着补缀的大衣跟父亲去爱阿华银行，他记得那银行的日历上有这样一句格言：“伟人就是具有无比决心的普通人。”他觉得父亲就是这种坚强态度的榜样。

若干年后六月里的一个寂静下午，罗伯特家受到龙卷风的侵袭。他们起初慢慢听到一阵可怕的怒吼声；慢慢地，风暴逐渐逼近了。忽然天上有一堆黑云凸了出来，像个灰色长漏斗般伸向地面。它在半空中悬吊了一阵子，像一条蛇似的蓄势待攻。父亲对母亲喊道：“是龙卷风，珍妮！我们得赶快离开这里！”转瞬间，他们便已慌慌张张地开车上路。南行三公里之后，他们把车子停好，观看那凶暴的旋风在他们后面肆虐……到他们返回家后，发现一切都没有了，半小时前那里还有九幢刚刷过的房屋，现在一幢也不存在，只留下地基。父亲坐在那里惊愕地双手紧握驾驶盘。这时，罗伯特注意到父亲满头白发，身体由于艰辛劳作而显得瘦弱不堪。突然间，父亲的双手猛拍在驾驶盘上，他哭了：“一切都完了！珍妮！26 年的心血在几分钟内全完了！”但是，他父亲不肯服输。两星期后，他们在附近小镇上找到一幢正在拆卸的房子，他们花了 50 美元买下其中一截，然后一块块地把它拆下来。就是用这些零碎东西，他们在旧地基上建了一幢很小的新房子。以后几年，又建筑了一幢幢房屋。结果，他父亲在有生之年，看到了他的农场经营得非常成功。

讲完了自己的故事，罗伯特告诉听众：“苦难不会持久，强者却可长存！”听众群中顿时响起了热烈的掌声。那些已经失去希望以及曾与沮丧情绪搏斗的人，重新获得了希望。他们有了新的憧憬，再度开始梦想未来。

当你面对艰苦日子的时候，千万不要泄气，不要绝望，要坚持下去。如果困苦好像达到极点的时候，你要提醒自己：苦难不会持久，强者却可长存！

当你面对艰苦日子的时候，千万不要泄气，不要绝望，要坚持下去。如果困苦达到极点的时候，你要提醒自己：苦难不会持久，强者却可长存！

第八章 别害怕压力，激发自身潜能

工作节奏越来越快，让身在职场的人们变得越来越烦躁不安，特别是在高强度的工作压力之下，焦虑、烦闷让人苦不堪言。可是，生活际遇不会因为你的焦虑而改变。不管你的工作多么艰巨，都不要埋怨，而是要面带微笑地承受这个工作，并极力做到最好。

工作压力大，多从自身找原因

一次对全美成功人物的调查证明：他们之中94％以上的人都在做着他们最喜爱的工作。一个对工作感到不满、不能高兴工作的人，不管他怎么努力，绝不会有卓越的表现。许多证据阐明：大多数的失利，都是由于人们对工作不喜爱，没有投入地工作，可是对工作叫苦连天。可是，面临工作的压力，你不妨勇敢地说声“由于我爱它，所以没问题”，同时还应尽最大的努力把工作做好。

或许你一度认为，生命太短暂，不能在不喜爱的事情上糟蹋我们的大好时光。于是，在很长一段时刻里，你会不断寻找一份最理想的工作。但是，如果我们只追求未来的理想工作，那么我们将不会珍惜和把握今天的工作，这无疑是得不偿失的。

一般来说，当你遇上不喜爱的工作时，可能存在两种状况：一是这工作确实不适合你，二是尽管适合你，可你却不喜爱这项工作。如果你归于第一种状况，建议你调整一下目前的工作，与改动自己的个性特征相比，换工作更简单些，所以你有必要考虑换换工作。如果你是第二种状况，你很幸运地找到了一份适合你的工作，但有一个小小的问题困扰着你，就是你不喜爱这份工作。关于这种状况，你要试着去爱它。

五十年前，有个心理学家做了项风趣的试验，比试完成一份极为枯燥乏味的工作，比试分成A、B、C三组，工作做完后，其间A组会受到低奖励，B组受重奖，C组无奖励。除此以外，A组还要认真地向别人说这项工作多么有趣。结果A组（低奖励的组）比其余两组都更喜爱这项工作。

上面这个心理学试验阐明了什么呢？当人面临着认知上的矛盾时（尽管工作枯燥，却还要向别人说它有趣），必然产生认知上的失调，失调之后会企图恢复平衡（自己真的认为这项工作有趣）。从这个结果中，我们可得到的启示就是：当你正处于不爱的工作中时，要极力承受它，试着去爱它。

所以，在办公室，当你的工作堆积如山，压得你喘不过气来，不知从何入手，而这时上司却偏偏又给你布置下来新的使命时，你千万不要有任何怨言，或表现出不耐烦的心情，而应该把上司交给你的重任，看作是上司对你的信任。能有一大堆工作去做，证明你的才能极强，不然会没有工作叫你做的。你只要耐心地把每件事情做好，就必定会取得令你意想不到的好结果。

维莉是一位打字小姐，她发现，试着去爱工作很有意思，这样会使人得到许多的报偿。她在一封信中讲述了下面的故事：

我们办公室一共有四位打字员，分别替几个人打信件。我们经常因工作量太多而加班加点。有一天，一个副经理坚持要我把一封长信重打一遍，我告诉他只要改一改就行，不需要全部重打。可他对我说："如果你不重来，我就另外雇人了。"我气得要死，为了这个职位和薪水，我只好伪装喜爱重新打这封信。

干着干着，我发现如果我伪装喜爱工作，不知不觉中，我竟然会真地喜爱做这件事情了，而这时我的工作效率更高。这种工作态度使我受到大家的好评，后来一位主管请我去做私人秘书，因为他了解到我很愿意做一些额外的工作而不抱怨。

心理状况的转变给我带来了奇迹。维莉小姐试着经过去爱工作化解了工作的压力。如果你“伪装”对工作有兴趣，这一点点“伪装”会使你的兴趣变成真的，能够减少你的疲惫和烦闷。

随着工作才能的增加，你肩上的担子也越来越重，上司会把大量的工作交给你来做，你有时会感到无从下手，无法承受工作上的应战，会产生一些失望的心情。在前进还是撤退的紧要关头，你要勇敢地面临工作中的应战，极力拼搏，认真完成每项工作，这样才能令上司对你另眼相看，为自己今后的开展打下基础。

酷爱自己的工作，拥有一个高兴、达观、活跃向上的工作心态是无价的，许多外部条件固然是我们生计的必备品，但对一个具有杰出修养的人来说，更有价值的是在工作中体现自己的价值、找到高兴。在工作中发现高兴、找寻高兴才是你的价值所在。只有酷爱工作，才能发挥无穷潜力！

一个人在各种工作压力下，难免会产生心情低落、萎靡不振的状况，影响自己的工作，为此，需求及时采取各种办法，把注意力转移到让你轻松高兴的事情上来。如做一下体育运动，这样就能够把压力释放出去。另外，还能够多关注一些高兴的事情，如访友、旅游、娱乐等。所以，面临工作压力，要不断调整自己的心态，发明轻松愉悦的心境，寻找适合自己的角度来解释它，学会给自己解梦，寻找活跃的人生！这样才能到达自我操控和自我解压的目的。

压力是不可或缺的动力

竞争日益激烈，生计越发艰难，压力是可怕的。但另一方面，压力又是我们不断前进的动力！许多职场人面临工作压力苦不堪言，却不知道压力也能带来催人奋进的力量。研究压力对人类身心影响的加拿大医学教授塞勒博士说过：“压力是人生的香料。”

他提醒我们：不要认为压力只要不良影响，应当转换思想和心态，多去开发压力的有益之处。恰当的压力和窘境能磨炼人，它会逼着你想出办法。被逼到穷途末路的境地，却仍然可以达成所愿，这或许就是卓越者和平庸者之间的差异吧。

当刀按在脖子上，全身的神经都会紧张起来。于是，奇迹就在压力下产生了：

他是一位中国留学生。刚到澳大利亚的时候，为了糊口，他帮人放过羊、割过草、收过庄稼、洗过碗……只要可以有一口饭吃就行。

一天，他看见报纸上刊出了澳洲电讯公司的招聘启事，就选择了线路监控员的职位去应聘。过五关斩六将，眼看就要得到那个年薪3.5万澳元的职位了，不想招聘主管却出其不意地问他：“你有车吗？你会开车吗？我们这份工作时常外出，没有车寸步难行。”

澳大利亚公民遍及拥有私家车，无车者寥寥无几，可这位留学生初来乍到，又没有什么收入，当然还归于无车族。但是，为了争取这个极具诱惑力的工作，他不假思索就答复：“有！我会开车！”

“那么4天后，请开着你的车来上班。”主管说。

4天之内，想要买车、学车谈何简单！但为了生计，他豁出去了。他在朋友那里借了500澳元，从旧车市场买来一辆表面丑陋的“甲壳虫”。

第一天，他跟朋友学了简单的驾驭技术；第二天，在朋友屋后的那块大草坪上模拟练习；第三天，歪歪斜斜地开着车上了公路；第四天，他居然自己驾车去公司报了到。

时至今日，他早已是“澳洲电讯”的业务主管了。

这位留学生的专业水平怎样，无从知晓，但我确实佩服他的胆略。如果他当初畏首畏尾、遇到困难就放弃，绝不会有今天的成就。要害时间，他毅然地斩断了自己的退路，把自己置身于命运的悬崖绝壁之上。正是面临这种后无退路的境地，人才会汇合精力、拼命向前，去赢得归于自己的方位。

从某种意义上说，巨大的压力会给人一个向生命高地冲锋的时机。

十多年前，有句非常流行的话：学好数理化，走遍天下都不怕。但是，在常识更新如此迅速的今天，只是学好数理化现已满足不了当今社会对人才的需求。许多人正是知道到了这一点，才纷纷挤出时间，在工作之余充电，以便在不知道的将来为自己增加竞争力。从这一点看，恰当的职场压力是必要的，由于它可以扩展你职业开展的空间。

“毋恃敌之不来，正恃吾以待之。”可是，当我们把工作当作营生手段、完成自我价值的一起，更要重视精力上的生活——崇尚身心健康，学会化解过重的工作压力，化压力为动力，快乐生活，快乐工作。

设法缓解压力，让自己轻装上路

工作压力大并不是个别现象。在每个行业，工作压力过重的现象都是遍及存在的。或许我们会常常会听到朋友的抱怨：

大刘:“每天上班我都在做文字工作，有时候，颈部和腰部酸痛难忍。

我真想出去走走，活动一下手脚，可是工作实在是多，不得不忍了又忍，一直忍到下班。”

老胡：“过了读书的年龄，最怕考试，特别是参与与工作有联系的各类考试。每逢大考小考，都怕得要命，晚上睡觉的时候，一闭上眼睛，都是一道道考试题。就连做梦的时候，都会梦到考试，面临试卷一道题目都答不出来，突然惊醒，吓出一身冷汗。工作要做，考试还要考，家里的杂事又多，你说，我能顾得上哪头？”

人在社会上不可能没有压力，压力在生活、工作中处处存在。但是压力太大，超出了人们所能承受的才能范围时，如果不及时排解和调适，就很容易引发身心疾病。这几年，“亚健康”这个词关于我们来说早已不再陌生。从医学上讲，亚健康指的是处于健康和不健康之间的“灰色中间地带”，这时分，人的身体和情感的生机都遍及降低，表现在生理上是心率不齐、肌肉紧张、食欲下降等；表现在精力上是心神不宁、失眠、疲惫等。用此标准衡量身边的职场人，恐怕大多数都遭遇过“亚健康”状况。

俗话说，病由心生。当工作和生活所带来的压力，超出个人所能承受的心理底线时，就会呈现诸如挫折、逆反、忌妒等常见的不良心理状况，严重的还会产生自卑、猜疑、冷酷、自私等负面心理。有时候，压力的杀伤力，比我们周围环境中的任何影响都要大。

关于职场中人来说，我们的压力主要来自工作。工作压力有时分是看不见、摸不着的，但是它却像“隐形杀手”一样，引起内分泌改动、免疫力降低，进而影响人的健康。

有的人感冒、感到疲惫，常常呈现耳鸣、幻听等现象，还以为是自己受了风寒或者太累的缘故；有的人常常无缘无故地发脾气，旁人把他的行为理解为心情不好，过段时刻就会没事的。殊不知，呈现上述状况，就是工作压力间接或直接引起的。这两种状况都是身体向人们宣布的无声警告。

我们必须知道到：压力无法消灭，只能缓解。

在人的一生中，压力自始至终存在着。人一出生，压力便开始蔓延在我们周围；长大后，压力越来越大，其间主要的是来自工作和生活上的压力。既然无法脱节压力，如同生活在地球上的人无法脱节地球引力一样，那么就要学着正视它。

记得有一位心理学教授，曾向他的听众讲述怎么正确地对待压力。

他举起一杯水，问道："这杯水有多重？"

从20克到500克，答案各异。

教授笑着说："其实水有多重并非要害，要害在于你举杯的时刻。如果你举了1分钟，即便杯子重500克也不是问题；如果你举了1个小时，20克的杯子也会让你手臂酸痛，如果举了1天，恐怕就需求叫救护车了。同一个杯子，举的时刻越长，它会变得越重。"

"同样，倘若我们总是将压力扛在肩上，压力就会像水杯一样，变得越来越重。早晚有一天，我们将不堪重负而倒下。可是，正确的做法是：放下水杯，休息一下，以便再次举起它。"

正如那只水杯一样，压力也需常常放下，使我们有时刻焕发精力、重新应对压力。工作了一天，疲惫地回到家里，应当将工作中的压力全部抛到一边，千万不能再将它带回家里，由于你明日还要重新扛起它。休息、放松……一切为了明日。

我们能够经过调适、休息等各种手段让自己得到放松和恢复，从而更好地投入到工作中，以实现人生的价值和理想。记住，很少有人会由于劳动而死，无所事事和游手好闲反而会给生命带来风险。只要正确面临压力，我们才能够高兴地工作。

转移压力，换个姿态去奋斗

在竞争日趋激烈的职场中，每个人都面临着不同的挑战，承受着不同的压力，可是人人也都会有心境烦躁的时分，都会遇到难言的苦衷。在这种心情的笼罩下，谁都会有一种强烈的想向人宣泄的愿望。这时你就要施展出你的“乾坤大挪移”来解除由于工作压力而给你带来的消极的心情。

每个职场人士都要学会及时调整自己的心情，你不要使自己羁绊于每一件令人不快的事，不要持续羁绊于所犯的错误和令人不快的往昔。

每一个踏进社会的人，都会遇到各种事情。在处理日常生活和工作时，要学会操控自己的心情，不要轻易地把自己的心情表露出来。不加操控地直接流露自己的喜怒哀乐，只是突显自己本身肤浅、没有心胸。你要学会适当地操控自己的心情，尽量少暴露自己的弱点。在心情低落时，要想办法解决，及时调整自己，使自己冷静下来，理智地面临遇到的问题。

每个人都有喜、有怨、有悲。生活是多变的，在多变的生活中，每个人都会面临挫折、失望、懊丧、失利。在正常状况下，人会在遇到高兴事时，眉飞色舞；遇到伤心事时，愁眉苦脸。但是在工作中，这种状况必定要操控。成功者碰到因这些问题引发的愤怒时，总是以活跃的态度、活跃的心情来习惯之，这就是心情操控。

有一位经理，一大早起床，发现上班快要来不及了，便急急忙忙地开了车往公司急奔。一路上，为了赶时刻，这位经理连闯了几个红灯，终于在一个路口被警察拦了下来，给他开了罚单。

这样一来，上班更是要迟到了。到了办公室之后，这位经理有如吃了火药一般，看着桌上放着几封昨天下班前便已交代秘书寄出的信件，经理更是生气，把秘书叫了进来，劈头就是一阵痛骂。

秘书被骂得颇有莫名其妙的感觉，拿着未寄出的信件，走到总机小姐的座位，又是一阵狠批，秘书责怪总机小姐，昨天没有提醒她寄信。

总机小姐被骂得心境恶劣之至，便找来公司内职位最低的清洁工，借题发挥，对清洁工的工作，没头没脑地又是一连串声色俱厉的指责。

清洁工找不到人再骂着下去，只得憋着一肚子闷气。

下班回到家，清洁工见到读小学的儿子趴在地上看电视，衣服、书包、零食丢得满地都是，当下逮住时机，便把儿子好好地修理了一顿。儿子电视也看不成了，忿忿地回到自己的卧室，见到家里那只大懒猫正盘踞在房门口，儿子一时怒由心中起、恶向胆边生，立即狠狠地一脚，把猫儿给踢得远远的。

无故遭殃的猫儿，心中百思不解："我这又是招谁惹谁了？"

你应该武装起来对立破坏你平缓心态、破坏你安宁幸福的敌人，召集体内的一切力量，把这些敌人驱赶出去。你要在心中默默告诫对自己说："和谐才是永恒的真理，紊乱并非真实，只不过是一种缺乏和谐的存在。"经过几次这种试验之后，你便能唾手可得地清除你头脑里的怒火，从而使你的心灵永远是一片晴空，使你的思维王国里不再有破坏幸福安宁的敌人。做到了这一点，你也就成为了自己心情的主人。

其实，许多人常常把工作以外的心情和不满带到工作中来。却不知心情是一把双刃剑，得罪了别人也伤了自己。人在心情激动的时候简单过火，对事物很难有正确的剖析，看别人的缺点多，优点少，这样简单失去理智而做出违背常规的事情。

例如，你在工作中发怒，搭档会觉得你像一颗随时都可能爆炸的炸弹，尽量绕开你的办公桌。客户打电话给你，你莫名其妙地冲着他吼叫，然后不等对方说完就把电话挂掉。一整天，你总是用双手抱着头，一声不响地坐在那里，工作懒得做，话也懒得说，办公室的气氛由于你而变得死气沉沉。你自己觉得他们知道真相后会体谅你的，而事情一过，你也会热情地投入工作。殊不知，你这种不够成熟的表现影响了你的工作，并且这样做也并不能使你解脱，你让你的搭档们也感到不快，他们不喜爱这样。最重要的是，你的客户永远不会再与你联系。

让自己的情绪影响自己的工作是不明智的。你应该学会操控自己的情绪，将怒气转化为有建设性的工作。尝试多运动或培养爱好来化解不良心情，避免怒气冲冲，要尽量保持心境平静。气愤的时候，渐渐由十倒数至一，并作深呼吸，说话的声音及速度要保持平稳。将你的不满写在纸上，并向会同情你的人倾诉苦水。然后告诉自己，一切都过去了，我该会集精力工作了，那么一切就都会好的。

需要注意的是，宣泄闷气要区分场合，如果不分场合任意宣泄，那后果将是不行想象的。如果冲着搭档宣泄，即便搭档理解你的心境，内心深处也会对你产生必定的看法。如果被上司知道，将有可能影响到你的升职加薪。并且一个心情化的员工是难以与别人融洽合作的，而这将会直接影响公司的利益。

轻松减压的“九阴真经”

你是不是觉得整天疲于奔命却没升职也没加薪，成功的方向似乎遥不行及？或者月薪逾万却似乎从来没有感到高兴？有时甚至会感到家庭、事业、搭档联系都是一团糟？……美国心理学家协会最近公布的一项调查结果显示，65%左右的美国工作人士内心都是消极情绪占上风，这种情绪轻则表现为不满现状，深感疲惫；重则不堪重负，患上严重的身心疾病。知道有成千上万的人有着和自己相同的感触，或许能让你觉得轻松许多，读完下面专家提出的九项法则，你离轻松步入职场、全心追求成功的生活也就不远了。

真经一：充分利用互联网。

互联网不仅仅只是聊天、发 E-mail 的工具，它还应该成为你的职业生涯中的最好帮手。如果你对求职心有疑惑，kforce. com 将教会你怎么做好简历，怎样经过面试和以适当方式提出薪水要求。如果你正在创业，inc. com 将向你展示怎么做出规划和筹集资金。总之，互联网上的内容应有尽有，花一点儿时间掌握它，并在平常留心寻找那些最能给你提供帮助的网站，你就必定会常常拥有“山穷水尽”的感觉。

真经二：正确评价自己的优缺点。

将你的优点和缺点列出一张表，并让那些了解你并能坦率直言的朋友对这张表做出修改。然后决议你该怎么充分利用自己的每项长处并有效避免暴露缺点。

真经三：战胜畏惧心情。

开宣布潜力的要害是战胜人人都会有的畏惧心情。你能够从和工作毫不相关的小事人手。比如，主动和刚认识的朋友打招呼，独自一人去看恐怖片等。常常尝试一些你想做却不敢做的事，能让你在工作中也逐渐拥有无所畏惧的魄力。

真经四：让生活充满秩序。

有秩序的生活会使你每天头脑清醒，心情舒畅。每天下班前整理好办公桌，定期整理电脑中的文件和电子邮件都是必要的。

光是看见桌上堆满了陈述、备忘录和要回的信就已足以让你产生紊乱、紧张和担忧的心情。另外，千万不要小看家庭生活。事业的成功与否往往与家庭生活有直接联系。一个沉着的早晨，一顿丰富的早餐或许就决议了你一天的心境和工作效率。没有人会觉得蓬头垢面、饥肠辘辘地赶去上班会让人一天都有好心境。

真经五：保持平缓的心境。

不要感到倍受压力，这是保持杰出心境的要害。为此，你每天至少得从事一种体育活动，时刻不少于半小时；最好还能在家里拓荒出一块能彻底不受打扰的地方，每天去那里呆上一刻钟，在这段时刻里，只想活跃的、让你开心的事情。这种短时刻的充电对你的心情会大有帮助。

真经六：不要盲目地信任别人。

不要指望和你一同工作的人都会站在你的立场考虑问题。知道到这一点，你会减少许多失望和挫折感。一定要谨慎选择那些你想信赖或想向其一吐为快的人。

真经七：坚持自己的价值观。

一定要弄清楚自己最想要的到底是什么，金钱、富于变换的生活、应战的刺激还是不断超越自我？然后想想现在的工作能不能给你提供这些物质条件或精力上的感触。如果两者相去甚远，你就应该考虑变换一下工作了。

真经八：保持生机。

如果你是一名脑力劳动者，使你疲惫的原因很少是由于你的工作过量，大部分时分我们的疲惫并不是由于工作，而是由于担忧、紧张或不快的心情。请尝试着“伪装”对工作充满热情和兴趣，微笑着去接每一个电话，在上司通知周末加班时从内心叫一声“太好了”，每天早上都给自己打打气……千万不要认为这是很肤浅的事。这是心理学上非常重要的“心理暗示”。

真经九：习惯不行避免的事实。

英语里有句谚语，叫“不要为打翻的牛奶而哭泣”。生活中，谁都会遇到令人不愉快的事：好不简单得到了上司的赏识，他却又调往别处；全力以赴做了投标书却由于最终一个数据没有核实而失去了时机……与其让这些无可挽回的事实破坏我们的心情。

我们应当尽早抹掉头脑里一切令人讨厌的、不健康的心情。每天清晨起来，我们都应该是一个全新的人。我们应当从我们的思维长廊里抹去一切紊乱的印象，取而代之的是和谐、使人振奋、清心怡神的东西。

可是，当你感到懊丧、气馁或失望时，不妨痛快淋漓地洗完澡，然后一个人静静地思索、顿悟，往往能驱散在你头脑里的忧郁阴云。此外，如果你有担忧，你还能够先做下面三件事：先问你自已，可能发生的最坏状况是什么？如果不得不如此，就作好准备，心平气和地迎接。镇定地、想方设法去改善这种可能的最坏状况。

在压力面前，激发自身潜力

无论对手有多强悍给自己压力，江湖高手的应对策略就是：使出“超级减压剑法”，力克群敌。道理很简单：对手刀已出鞘，逃避就只要挨打的份儿，所以何不大干一场？这样最终的胜利者也许就是你。

这个道理也适用于现实生活和社会竞争，一个人总要碰上一些困难和应战，逃避只会使你变得更被动，而坦然面临却可能逆转战局。

A君是某公司经理，一次，他的一个助手出了一个纰漏，给公司造成了损失，六神无主的助手找到A君，表示要辞职。这时，A君给他讲了一个藏在心里已久的秘密：“8年前，我受雇于一家修建公司当业务员，由于我的勤劳能干，大量欠款源源不断地收回，公司颓败的景象颇有改观。老板也很赏识我，几次邀我到他家吃饭。就在这时，他唯一的女儿悄悄地爱上了我，常常送一些精美的小玩意儿给我。我起初不敢承受，后来碍于情面只得收下。就这样过了两年，当有一天我告诉她我不能再给予她太多时，她一气之下寻了短见。

“她的三个哥哥吼怒不止，扬言非要我偿命不行。那时我手里已有了为数不少的积蓄，许多人劝我一走了之。我没有这样做，心里只要一个念头：事因既然在我，我必须回去面临这一切，是死是活——无关紧要。

“当我走进她的家门，一群人向我扑来，可她的父亲——我的老板向其别人摆了摆手，走上来紧握着我的手，良久才缓缓说了这么一句话：‘一个女人愿意为你献身，证明你是一个不同凡响的人；你敢来面临这一切，证明你是一个有血有肉的人。”’

A君的话给了他的助手很大牵动，他决议留下来，承受董事会的裁决。结果，董事会认为他勇于面临问题，只是扣了他两个月奖金。

面临压力退缩是没有用的，迎难而上才是解决问题的最佳方法。勇敢地面临问题，你会发现再困难的事情也没有到失望的境地，稍稍转个方向又是一片生机。

故事中A君明知老板家等着他的是一场暴风雨，却没有一走了之，而是勇敢地去面对，这种精力值得我们每个人学习。生活中，当发生一些困难的事或令人痛苦的事时，许多人都习惯于逃避，但是事实就是事实，已经发生的不能再改变。逃避、不敢面对其实就是在自我欺骗，这样只会使人变得更痛苦。并且一旦逃避成了习惯，人就会变得低沉，不再进取，到头来一事无成。

已故的布斯•塔金顿总是说：“人生加之于我的任何事情，我都能面临，除了一样，就是瞎眼。那是我永远也无法忍受的。”

但是这种不幸偏偏降临了，在他60多岁的时分，他发现自己看东西时，色彩整个是模糊的。他去找了一个眼科专家，证实了那不幸的事实：他的视力在减退，有一只眼睛几乎全瞎了，另一只好不了多少。他最怕的事情，终于发生了。

塔金顿对这种“无法忍受”的灾难有什么反应呢？他是不是觉得“这下完了，我这一辈子到这里就完了”呢？没有，他自己也没有想到他还能非常开心，甚至于还能运用他的幽默。以前，浮动的黑影令他很难过，它们时时在他眼前游过，遮挡他的视野，可是现在，当那些最大的黑影从他眼前晃过的时分，他却会说：“嘿，黑影来了，不知道今天这么好的天气，它要到哪里去。”

当塔金顿完全失明之后，他说：“我发现自己是个能承受视力减弱的人，就像一个人能承受其他事情一样。要是我五种感官全丧失了，我知道我还能够持续生计在我的思维里，由于我们只要在思维里才能够看，只要在思维里才能够生活，无论我们是否知道这一点。”

塔金顿为了恢复视力，在1年之内承受了12次手术，为他动手术的是当地的眼科医生。他没有害怕，他知道这都是必要的，他知道他没有办法逃避，所以唯一能减轻他痛苦的办法，就是爽爽快快地去承受它。他拒绝在医院里用私人病房，而住进大病房里，和其他的病人在一同，他试着去使大家开心，而在他必须承受好几次手术时——并且他很清楚地知道在他眼睛里动了些什么手术——他总是极力让自己去想他是多么的幸运。“多么好啊，”他说，“多么妙啊，现在科学的开展现已到了这种境地，能够为像人的眼睛这么纤细的东西动手术了。”

一般人如果经历12次以上的手术和不见天日的生活，恐怕都会发疯发狂了。可是塔金顿说：“我可不愿意把这次阅历拿去换一些更开心的事情。”

这件事教会他面临不如意的事，就像他所说的：“瞎眼并不令人难过，难过的是你不能面临这个事实。”

我们在一生中，也常常遇到失利，失利就是这样，你逃避它，它就拼命地追逐你，你面临它，它就会停步。所以说，失利并不行怕，不敢面临它才更可怕。

逃避问题的习惯，常常会使人一蹶不振。当上帝关了这扇窗时，也必定会为你开启另一道门。逃避不能解决问题，勇敢地去面临，绝处才有生机。

超级解压剑法：

第一式，评估一下那些预期的方针。

你需坐下来，制一张表，把那些你没有到达或别人认为你没有到达的预期方针都列出来，然后问问你自己实际上能不能到达这些预期方针。

第二式，要在身体上、心理上、心情上做好敷衍所有可能呈现的问题的准备。

我们大家都知道要少吃些盐和糖，多吃点水果、蔬菜和谷类食物，少吃猪肉，多吃牛肉和鱼。食物是使我们前进和工作的能量，并且，我们需求好的食物，差劲的营养会使我们虚弱，可是降低了我们处理压力的才能。

第三式，训练是去除不断积累的过多压力的一剂良药。

当你确实感到懊丧时，你能够到室外走上几圈；在你办公室里蹦上几下；或者做一些伸展运动来除去你肌肉里积累的紧张，定期训练现已显示了其在减少心肌梗塞及降低压力方面的功效。

第四式，知道怎么保持安静和会集注意力同样也是很重要的。

沉思很易学，并且，关于在工作中感触到压力的人而言，这无疑像个恩赐。为了沉思，可找出一小段安静的时刻来，在门口挂上一块“请勿打扰”的牌子；然后，闭上眼睛反复地说“哦”这个字大约15分钟。当其他念头闪入你脑海里的时分，你仍然要保持沉思，而并不清楚闪过的是些什么念头。在你认识到有了其他念头且有认识地去思考它们的时候，你的沉思就算完毕了。“哦”这个词在梵文中是“平静”的意思，在一个安静的环境中重复这个词能够完全地平复你的心境。当你做完了之后，给自己几分钟休息，然后再开始活跃地行动。

第五式，发展一组能够支撑你的人，这意味着你有了一群能够谈话的人。

孤独的人承受的压力最大，并且是将生活处理得最糟糕的人。我们都需求有一个人友爱地来聆听抱怨，而不对此做任何评价；在我们哭泣的时分，需求一只要力的手来握着自己；在我们觉得不好过的时候，需求有个过得好的人来安慰我们。

第六式，最终，我们千万别忘了给自己找点乐子。

参与那些给予我们欢乐、使我们欢笑的活动是最好的压力缓解剂之一。

第九章 修炼内功心法，时刻保持最佳状态

心态的力量是如此巨大，它既能成就一个人，也能毁掉一个人。在复杂的职场中，有很多的事情并不在我们的掌控之中，在面对难料的世事时，我们能做的就是刻苦修炼自己的心态，这将是一个漫长的过程。而我们一旦拥有正确的心态，就意味着我们赢得了整个世界。

调整好心态，关系人生成败

任何事情要做到最好，必须有积极的心态。戴尔·卡耐基认为，消极的思想往往会成为人们一次失去重振旗鼓的羁绊，只有积极的心态，才能使人重拾斗志。

戴尔·卡耐基的致胜法宝，首先在于他的为争取胜利而不惜付出任何努力的积极的好胜心，强烈的好胜心激起的竞争欲望。这是一种极为宝贵的优秀品质，它能使你在遇到任何困难和挫折时，勇往直前，不懈努力，直至成功。

态度决定工作乃至人生的成败，决定了成功的最大概率和全部奥秘。从事任何行业，即使机会俯拾即是，也会有失意、平凡、优秀三类人。成为哪种人，完全取决于当事者的态度。我们怎样对待工作，工作就怎样对待我们；我们怎样对待他人，他人就怎样对待我们；在一项任务刚开始时的心态，就决定了最后将有多大的成功，这比任何因素都重要。

杰里·温特劳布堪称好莱坞最出色的制片人和经理人。许多超级明星的演出业务，都委托他代理。可是有一次，他遇到了严重的挑战。埃尔维斯·普利斯莱当时是音乐界轰动一时的明星，谁要做一张埃尔维斯的唱片，谁为他操办演出就能赚几百万美元。

杰里希望作他的经理人。他给埃尔维斯的经理人帕克打电话，要同帕克签个合同，由他的公司代理埃尔维斯的演出。帕克一听便回绝了。杰里并不死心，下决心每天给帕克打一个电话，直到把他说服为止。这是一个考验意志的大胆计划。他真的确实这样做了，在整整一年的时间里，他每天与帕克通电话商谈此事。他虽然不断遭到拒绝，还是坚持这样做。他告诉帕克：“我干这一行非常有办法，我能干得最漂亮。让我试一试嘛！”

最后，帕克实在被杰里磨得没有办法，就对他说：“你如果能带上一张100万美元的支票来我这里，咱们就可以谈谈。”

虽然当时还没有开这样高的价钱，可是杰里打定主意要办成这件事，他说服西雅图的一位商人投资，拿到了他需要的这笔巨款。

杰里把100万美元的支票送给了帕克。一年之后，杰里在全国各地都为埃尔维斯举办了演唱会。富有戏剧性的是，帕克又把那张100万美元的支票还给了他。原来，帕克收到支票之后，一直放在抽屉里。杰里问他为什么没有兑成现钞，他回答说：“我不是对这笔钱感兴趣，只是想看看你到底有没有下这么大本钱所需要的本领。”

坚持到底是成功的重要条件。当你付出劳动后，日积月累却未见成效也许是心灵最困窘的一件事情。然而，只要看得更远一点，坚持得久一点，成功就会不期而来。每一个员工都需要培养这种坚持的勇气，应有能力面对各种各样的局面，同时保持专心致志、热情和行动的连贯性。

成功者与失败者的差别，在于成功者有积极的心态。而失败人士则习惯于用消极的心态去面对一切。积极的心态也叫黄金定律，决定你成功的黄金定律。这是拿破仑·希尔在20世纪上半叶采访、研究五百多位成功人士得出的最为重要的成功经验。

拥有和保持积极心态的人，就是自己生命中最重要的贵人，它使你拥有忠诚、信心、正直、希望、乐观、勇敢、创造、自动自发、慷慨、容忍、毅力、机智、仁慈及高度的通情达理等所有“正面”的特质。它能使你认识你有无限的心理能量，帮助你探索、开发你自己的无限心理能量，使你多督促自己一些，真正去推动自己，全身心地投入，从而创造条件，利用条件，取得成功。

积极的心态鼓舞着我们的信心和意志，帮助我们克服困难，激发力量，超越竞争者，把别人说的不可能变成现实。心态积极的人，都是主动的人。主动经常是创造机会的不二法门。

我们的态度越积极，我们的精神动力就越大，我们的热情就越高，我们所能调动的资源和力量就越多，能提出解决之道，成功的概率也会随之上升。

积极的心态鼓舞着我们的信心和意志，帮助我们克服困难，激发力量，超越竞争者，把别人说的不可能事变成现实。心态积极的人，都是主动的人。主动经常是创造机会的不二法门。就算是推荐自己，也要收集自己的成就，主动提出来争取自己的人生。每一个员工必须清楚，没有人欠你一份工作！永远记住：任何一个职位都是自己给的。

如果你想成为同行中的佼佼者，其道路是相当艰难的。因为要做到这一点，需要自信、勇气和顽强的意志，当你的决定受到某些人的抵触时，要顶得住压力。必须具备坚持到底的决心和毅力，具有很强的心理承受力，在实践中锻造成心理上的强者。

主动多干一点，机遇早晚出现

在职场中，任何成功的机会都不是等来的。要想获得升职、加薪，必须发挥你的主观能动性，抓住每一次提升自身的机会，主动出击。

一项来自著名的贝尔实验室的调查发现：优秀员工与普通员工的一个主要区别就是是否具备主动性。在工作中我们不难发现：优秀员工往往愿意接受新任务而不惜独自承担一些风险；他们在做好分内工作的同时也会关注工作以外的事务；他们一旦认准了自己的目标就能够坚持去完成它；在能力允许的情况下他们乐意为同事提供帮助。

事实证明，他们总是能够通过努力站在核心路线旁。所谓核心路线是指一个企业为获得更大的市场份额和利润所必须做的直接的、重要的行为，企业员工只有通过这条路线，才能为企业发挥积极的作用。

洛德和鲍勃都是没有工作经验的工程师，他们同时进入一家公司。在上半年里，经理安排他们早上听课，下午完成工作任务，希望他们在半年时间里完成与公司的磨合。

接下来的时间里，洛德与鲍勃自然地成为竞争对手。每天下午，只要上司没有特殊指示，洛德都会把自己关进办公室里，阅读技术文件，学习一些日后工作中可能用得到的软件程序。当有的同事暂时请他帮会儿忙时，都会被他拒绝：“对不起，这不是我的工作，你的工作应该靠自己完成。”他心想，目前来说当务之急就是努力提高自己的专业水平，在短时间内给老板和上司一个有力的证明。

鲍勃的能力与洛德不相上下，但在心态上却与洛德大相径庭，他觉得企业并不缺少技术卓越的工程师，缺少的是综合素质优良的员工。于是，在工作上他就朝着这方面发展，每天下午他也花一定的时间看资料，剩下的时间则用在向同事们介绍自己和询问与他们项目有关的一些问题上。当同事们遇到问题或忙不过来时，他都主动去提供帮助。当所有办公室的软件需要升级时，每个员工都不愿来做这项琐碎的工作。没有人指定鲍勃去完成它，但是鲍勃却主动承担下这项工作，这使得他不得不牺牲休息时间来加班。当他在不影响自己工作的同时，终于做完了这项工作时，既没有得到上司明确的赞赏也没有得到同事的认可，甚至很多同事都把他当作廉价劳动力。但是，鲍勃的大智若愚就在于此，在这项工作中他不但很快熟悉了公司的业务，而且也得到了人际关系的良好拓展。

很快，半年过去了，洛德和鲍勃都很出色地完成了经理的安排。经理在对他们的工作评述中写到：从技术上讲这两个新人都很出色，洛德还稍显优势，但从综合素质上看，鲍勃则明显胜出一筹。公司非常需要这样的员工，更需要这样的团队，希望鲍勃再接再厉，为公司发展作出贡献。经理还在公司的高层管理大会上表扬了鲍勃。

事后，洛德的情绪很低落，经理也承认自己的业务技能是出色的，但为什么受到表扬的是鲍勃而不是自己？此时，经理也适时地找他谈话："企业是一个整体，不仅需要员工有过硬的专业水平，还要有团队精神，鲍勃在这方面无疑做得很好，他是一个有主动性的员工，能够承担自己工作以外的责任，愿意承担一些个人风险，而这些都是你所忽略的。"

听完经理的话，洛德似有所悟，但他还是不服气：做一个独行者有什么不好，能够坚持自己的想法或项目并能够很好地完成它难道不重要吗？没人要求我收集最新的技术资料或学习最新的软件工具，但我做到了，这难道不是主动吗？他想：坏是靠业绩说话吧，虽然鲍勃是一个优秀的员工，但我肯定会成为一个卓越的领导。

但结果让他失望了，在年底鲍勃凭借他的积极主动完成了上司交办的各项任务被晋升为主管，而业绩同样优秀的洛德却与晋升失之交臂。洛德终于明白了：企业需要的优秀工作者要有主动性，但主动性不仅仅表现在使自己的工作更出色，更意味着在工作之余，做一些事使更多的人受益，从而使公司获利。此后，洛德开始学着像鲍勃那样去做事，最终由于他的聪明能干，他不仅在一年后得到了晋升，而且他领导的团队也创造出了公司第一的佳绩！

心理学家指出：积极主动的人往往更容易在职场中获得成功，因为主动性能够产生极强的自我意识，使他们在努力工作时能保持积极的自我评价、自我控制以及自我期待，所以更容易抓住转瞬即逝的机会。普通人只发展了他蕴藏的潜力的1／10，与他应当取得的成就相比，只不过发挥了一小部分能量。只有发挥自己的主观能动性，具备了自我意识，才能知道自己到底是个什么样的人，能够成就什么样的事业，进而找准机会实现自己的价值。

主动性是一种非常可贵的品质，每一个希望自己能够有所作为的人都不应该忽略它。主动性与一个人的天性有关，但最终取决于后天的培养，你可能被懒惰、拖延及消极等坏毛病纠缠过，要知道这些都会制约主动性的形成。要形成积极主动的好品质，就要先下决心改掉这些坏毛病，相信下面这些活动可以给你一些帮助。

每天上班前给自己规定一项任务，即使是上司没有明确规定的任务，也要在上司发出指示前把它做好。任务一旦确定，虽然没人给你规定时间，你也要尽快去完成它。你可以把它写在台历的醒目位置，使你一抬头就能看得见，时刻提醒自己，不至于虎头蛇尾，有始无终。

每天争取做一件对同事有意义的事，即使你的同事对此没有表示出特别的感谢，你也不要怀疑它的作用，它的确能够为你树立起形象。在同事忙得不可开交时，帮同事复印一下文件，或者查一下资料，对于你来说这不过是举手之劳却往往帮了同事的大忙。

坚持当日事，当日毕。我们从小就知道这个好习惯，却因为那是公司的事并非自己的事而忽视，常常使工作留下尾巴。聪明的员工不会这么想，因为工作量越拖越多，会使你陷入被动，严重挫伤你完成任务的积极主动性，你为培养主动性所做的努力也会付诸东流。所以，即使当天的工作不得不拖到第二天时，也要挤时间在第二天完成，千万不能一拖再拖，这样对自己没有一点儿好处。

保持最佳状态，努力攀援高峰

良好的心态是一种有效的心理工具，决定了我们潜能的发掘，如果你能有一种积极的心态，就能够发掘自己的潜能，迸发出巨大的能量，从而从一个胜利走向另一个胜利。

一名出色的射手，怀着他的冠军梦，举起手中的弓，眼睛锁定30码外的靶心。此时的他，目不转睛，除了靶心以外，任何事都不能分散他的注意力。他拉紧了弦，眼睛注视目标，沉静而迅速地审视一遍自己的身体及心理状态，若感觉有一点儿不对，他就放下弓，再重新调整一下状态。假如一切都显示良好，他只要瞄准靶心，放心地让箭飞出去，就很有信心做到一射而中。

你在任何时候都要保持积极心态，避免消极心态。这种心态常常把我们吓倒。要想超越卓越的你，必须牢固树立积极成功的心态，彻底清除和控制消极失败的心态。一旦出现消极情绪，你就要立即调整一下自己的心态，始终保持积极的心态，这是最重要的开始！乔丹体验是，当你的情绪受到比赛气氛的影响时，关键是这时候你必须及时提醒自己，遏制这种消极念头的扩张蔓延。

3M公司在首次推出即时贴时，在四个试点城市开展的销售活动，由于宣传不到位，全都失败了。由于大家都不了解这种产品，没有人愿意卖它，而且这种产品与订书钉和曲别针相比又比较贵，商业利润比较低。

就在这时，公司的两个员工表示甘愿为这项产品冒风险，自告奋勇去推销即时贴。他们太喜爱这种非常实用的产品了，坚信能够成功，决心再作一次尝试，一定要让人们接受即时贴。他们不清楚人们为什么不喜欢。于是，他们来到即时贴销售试点城市之一加利福尼亚的多特蒙德，先调查哪个环节出了问题。

随后，他们进行最后一搏，从废料堆里捡了两纸箱即时贴，来到商业区分发试用。大家见到免费的即时贴，都纷纷走上来索要。他们成功了！一旦用了即时贴，你就上钩了！整个多特蒙德都上钩了！添加的订货率为90%，是其他办公用品的两倍。后来，这项产品每年为3M公司带来十几亿美元的收益。

这两个员工当然受到了公司的重用。他们做出这样杰出的贡献，就在于他们为产品打开销路而全力以赴，在顾客认为还不需要、不认识你的产品时，坚信产品的使用价值，帮助顾客建立一种需求欲望，然后用独家快速的产品使价值超越顾客的期望值。

在挫折和失败面前，只要以积极的心态，采取进取心，往往就能扭转局势、转败为胜。实事上，在那些杰出的人物中，有一些人在他们的一生中，有时被认为是十分愚蠢、昏庸的，直到他们掌握了积极的心态，并且学会了理解他们自身的才能和展望他们的确定的目标，他们才开始向成功之道攀援而上。

运动员应该具有良好的心理素质，这种冷静的、信心十足的状态，决定了他们能否赢得胜利。当那个射手处于这种最佳竞技状态时，他才有可能打败那些状态不佳的对手们，赢得最后的胜利；而当他心态不佳时，则会成绩平平。状态表现在每一个人的身上，可能你的经历没能使你将其调整到最佳。职场就是一个无形的竞技场，我们每个人都是射手，要想做到箭无虚发，就必须成为一个出色的射手，保持最佳的状态。

你去一家快餐厅吃饭时，是不是常常会听到服务员不耐烦地招呼："要什么？"你以为她一直是这副脸色吗？不是的，她可能是由于生活困顿，单位却发不出工资；也可能是她忙了一整天去招呼客人，都过了吃饭时间了，客人还是鱼贯而人。总之，她正处在极度颓丧的情绪里，也许她实际上是一个品质优良、善解人意的人。

心理学家分析的结果显示，人的心态受制于神经系统，是千百万神经活动的综合结果，这些活动乃是各种感觉器官将所测得的外界资料在脑中处理的过程。在实际生活中，我们感觉到只要一接触到各种各样的事情，就会立即有相对的状态产生。我们对于各种状态的来临常常感到突然和束手无策，不知道如何调整才能使其达到良好状态。

在工作中，我们的情绪常常失控，一会儿眉开眼笑，一会儿就唉声叹气。绿茵场上的运动员也会在得心应手之后，连着多日投不进一球，这都是源于状态。在我们的状态良好时，自信、自爱、坚强、快乐、兴奋，其能力也会源源涌出；相反，在我们处于身心疲惫时，多疑、沮丧、恐惧、焦虑、悲伤、受挫，就会让我们浑身无力，茫然失措。我们每天就是在这时好时坏的状态驱使下来来往往，日复一日。

有时候，在工作中，业绩好坏的差别并不仅仅是能力的差别，它很多时候取决于工作人员一个工作时期的状态。一个品质优良的员工，他具有勇气、毅力、体力、耐力以及许多聪明和才智，但是有一段时期他摆脱不了低落的情绪，那他的这些所有的好品质也就体现不出来。一个卓越的领导者常常不显山不露水，他的面部表情永远是波澜无惊，那是因为他修炼到了一定的境界，能够驾驭自己的心态和情绪，随时都能有效地调整自己的身心状态。

我们要有意识地关注自身的状态变化，不能放任自流，不能让我们的认知被动地受制于它，不能让它影响我们正常的想法和做法。如果你发现自己的行为不符合自己的思维与能力时，就要注意了，那是你当时的不良心态在作怪。这时，先不要忙于作出决定，也不要气急败坏，而是找一个你信任的人或去一个你想去的地方来放松自己，使自己状态不佳的身心得到缓和，从而达到调整的目的。之后，你就会感到一切又都平静如初了，你就会把蕴藏的潜能发挥出来，你的心情也就会变得开朗起来了。

别让消沉心态打败你

成功最大的敌人就是我们自己的消沉心态，这也是你最大的心魔，你如果一直认为自己是“平庸”的人，你不相信你会完成什么大事业。你只会关注那些不会成功的因素，在你的生活中就会缺少一种动力，你的消沉情绪会产生错误的行为或不行动。

这些都会导致一种不好的结果。你的大脑会说：“看，我说过不行！”

这样想的成果，你就会真的认为“我不可能成功”。

有这样一个有趣的小故事：

有一天，一个农民的一头驴子，不小心掉进一口枯井里，农民绞尽脑汁想方法救出驴子，但几个小时过去了，驴子还在井里痛苦地哀号着。

最终，这位农民决定放弃。他想，这头驴子年纪大了，不值得大费周折去把它救出来，不过无论如何，这口井还是得填起来。所以农民便请来左邻右舍帮忙预备一同将井中的驴子埋了，以解除它的痛苦。

农民的邻居们每人拿一把铲子，开始将泥土铲进枯井中。

当这头驴子了解到自己的处境时，刚开始哭得很凄惨。但出人意料的是，一会儿之后这头驴子就安静下来了。农民猎奇地探头往井底一看，出现在眼前的景象令他大吃一惊：

当铲进井里的泥土落在驴子的背部时，驴子的反应令人称奇—它将泥土抖落在一旁，然后站到铲进的泥土堆上面。就这样，驴子将大家铲倒在它身上的泥土全数抖落在井底，然后再站上去。

很快地，这只驴子便得意地上升到井口，然后在众人惊讶的表情中快步地跑开了！

本来看似要活埋驴子的举动，由于驴子处理困境的态度不同，实际上却协助了它，这种创新也是改变一个人或一个企业命运的要素之一。如果我们以肯定、沉着、稳重的态度面临困境，奇迹往往就潜藏在困境中。

这个故事告诉我们：不管在什么条件下，只需你具备了积极的心态，就必定能打败困难！关键是一个人要善于发掘自己身上的活跃因素，这样你必定会找到解决问题的方法，再大的困难都不会将你压垮。

有句谚语叫做：成功吸引更多成功，失利带来更多失利。活跃的因素能创造成功，如果你坐等失利，只会使你遭受更多的失利。由于你接受了消沉心态，并且满脑子想的都是恐惧和挫折，那么你所得到的也都仅仅是恐惧和失利。

小高是个有上进心的年轻人，他在大学毕业后进了一家生产建筑机械的公司。由于他的专业是市场营销，他对自己很有决心，所以他就做了这家公司的推销员。半年下来，他凭着厚实的专业知识和不认输的倔劲取得了很好的业绩，这时他向上司申请到另外一个城市去发展业务。上司很喜欢这个与众不同的小伙子，就决定让他试一试。

这是公司的其他业务员都非常为难的差事，小高也知道不容易，但他还是踌躇满志地来到那个城市。他先找了一个便宜的旅馆，租了一个房间住下来。接下来的几天里，他不停地给当地的建筑企业打电话，向他们推销建筑机械，结果是令人失望的，这些公司不是说不需要，就是说他们有固定的供货商。小高看打电话不见效，就背上资料去找这些建筑公司面谈，他想只需产品好，不愁没人要。一个月下来，小高跑遍了这个城市所有的建筑公司，在办公室里，在建筑工地上，都留下了这个小伙子热情的背影。但是，除了口头达成的几个合作意向，他还是一无所获。

业务费都花光了，却连一台建筑机械都没卖掉，小高有点撑不住了，但是他想起大学里老师说过的："每个推销员刚开始做业务都很难，关键是要坚持下来，每当你消沉的时候，必定要活跃地鼓励自己。当你取得第一份业绩的时分，实际上就是活跃打败了消沉。"最终，小高还是挺了过来，他接着去拜访那些客户，终于签下了第一份合同。后来，他又不断地反思改进自己的推销方法，终于将自己公司的产品打进了这个城市。

那些心态消沉的人，往往一事无成。他们对工作漠不关心，永远也提不出什么建议或自告奋勇去做什么工作。他们接受工作分配后，记下最终期限，再也没有什么反应。如果问他们有什么问题，他们则耸耸肩。他们常常这样想："为了赚钱活命，我不得不在办公室从上午9点干到下午5点。还得整天看老板的脸色！""我仅仅一个上班族，除了微薄的薪水之外，还能梦想什么？""在这种年龄，不可能做成工作。""我太笨，所以总是不成功"等。这些职工通常被认为属于朽木不可雕之列。

消沉心态会浇熄你的热忱，蒙蔽你的想象力，降低你的合作意愿，使你失去自制能力，容易发怒，缺乏耐性，并且使你丧失理性。拿破仑·希尔有一句名言："有时候，当心中出现希望的火苗时，我有必要运用我手边所能运用的资源把它再煽大一点，以免熄灭。而使我坚持信念和抱负，并且协助我渡过难关的，就是我从无穷智慧所取得的决心。"

要像那些成功人士一样，保持一颗活跃、绝不言放弃的心，尽量发掘你周围人或事物中最好的一面，从中寻找活跃的看法，让自己能有向前走的力量。在考虑问题的时候，想得长远一些，不要企图靠使用他人或欺骗他人去获取一时的胜利；不要靠他人的力量出自己的风头；不要靠背后捣鬼去谋取利益。最重要的是能保持一种活跃的心态，即使是辛苦枯燥的工作，也能从中感受到价值，你在完成使命的同时，会发现成功之芽正在萌生。

保持奋斗热情，让人生充溢动力

不管我们是老板、管理者、还是职工，我们每个人都面临着这样一个严肃的事实：我们有必要长期地、尽力地工作。

如果你所从事的工作你并不喜欢，那这份工作将成为你的负担，长期下去将使你心情压抑，工作没有活跃性和自动性，乃至身心疲惫，失去了工作激情。

其实，不仅仅只有你面临这样的问题，很多在工作上取得巨大成就的人也面临过同样的问题。但是，他们却有着自己的秘诀——和工作谈恋爱。很多人工作不开心，没有取得业绩，就是由于他们犯了一个错误——没有和他的工作谈恋爱。

有人对恋爱婚姻有这样一个说法：太太绝不会有错，如果太太有错，必定是我看错；如果我没有看错，必定是由于我的错，才害太太犯错；如果是太太自己的错，只需她不认错，那就是我的错；如果太太不认错，即使她有错，那仍然是我的错。总归，太太绝不会有错。

在这里，把“太太”换成工作，这种说法一样建立：如果你对工作失去了激情，那么请注意，这绝不是工作的错，问题必定出在我们自己身上。

如果我们用对待恋人或太太的态度来对待我们的工作，我们必定能够把工作做到最好。不过，和工作谈恋爱不能仅仅一句口号，而是要落实在举动当中的。

张梅供职于一家金融担保公司，在三年的工作中，凭着自己对工作的酷爱和尽力的付出，她晋升为本部门的主管，由于她总能认真倾听同事的想法，了解部下所关心的工作，并领导她的部门超卓地完成每一项任务，她的部门赢得了好评，成为全公司公认的能够委以重任的团队。

与此相反，三楼有一个运营部门，人数众多，绩效却不抱负，他们与张梅的团队构成了鲜明的对比，因此成为大家批评的焦点。为了能让公司有一个全面的改观，老板决定提升张梅为三楼的业务经理。

几个星期后，张梅慎重而又很不情愿地接受了提升，虽然公司对她接手三楼寄予厚望，但她却是硬着头皮接受了这份工作。工作的开展自然非常困难，但是，张梅迅速调整心态，把对这份工作的讨厌改变成了酷爱，同时，她的这种工作热情深深地影响了职工，在这种精神的支持和鼓动下，张梅所在的部门迅速改变，并最终成为公司的典范。

有句话说得好：“挑选你所爱的，爱你所挑选的”。作为一名职工，张梅强迫自己爱上已挑选和接受的工作，通过自己的尽力，为公司作出巨大的贡献，也为自己的职业生涯写下了闪亮的一笔。

其实，任何人都有可能不得不做一些令人厌烦的工作。即使给你一个很好的工作环境，但如果总是一成不变的话，任何工作都会变得枯燥乏味。许多在大公司工作的职工，他们拥有广博的知识，受过专业的训练，有一份令人羡慕的工作，拿一份不菲的薪水。但是，他们中的很多人对工作并不酷爱，视工作如紧箍，仅仅是为了生存而不得不出来工作。他们精神紧张、未老先衰，工作对他们来说毫无乐趣可言。

爱一个人就要爱她的全部。同样，我们爱我们的工作，也要爱工作的全部。一件工作有趣与否，取决于你的看法，对于工作，我们能够做好，也能够做坏。能够高高兴兴和骄傲地做，也能够愁眉苦脸和讨厌地做。如何去做，这完全在于我们。所以，既然你在工作，何不让自己充溢活力与热情呢？

每一个职工都应该学会酷爱自己的工作，即使这份工作你不太喜欢，也要尽全部能力去改变，去酷爱它。并凭借这种酷爱去发掘心里蕴藏着的活力、热情和巨大的创造力。事实上，你对自己的工作越酷爱，决心越大，工作效率就越高。

当你抱有这样的热情时，上班就不再是一件苦差事，工作就变成了一种乐趣，就会有许多人愿意聘请你来做你更酷爱的事。如果你对工作充溢了酷爱，你就会从中取得巨大的快乐。

设想你每天工作的八小时，感觉就像和你的恋人在一同，那种滋味，该是一件多么惬意的工作！所以，我们应该以谈恋爱的心情面临工作，不仅要挑选自己的所爱，忠于自己的挑选，还要在漫漫情路上细心经营，这样的爱情才可长可久；用这样的态度面临工作，才可能在工作中有所收获。

富有热情的职工，一心牵挂在工作上，没有他人的督促，就能超卓地完成任务。一次对全美成功人物的调查显示，他们之中94%以上的人都在做着他们最喜爱的工作。酷爱自己的工作，拥有一个快乐、达观、活跃向上的工作心态，才能快乐工作，才能发挥无穷潜力！

一个成功的职场人士，就是一个充溢热情的战士，是即使老板不在场，也不需要提醒和监督，就能够自觉、自动举动的人；而那些“当一天和尚撞一天钟”的人，那些拖拖拉拉、“不求有功，但求无过”的人，注定只能原地踏步，乃至被时代解雇，被社会淘汰。

不要轻易跳槽，专注于提升自我

这个世界很大，职场中的高手也很多。但真正的高手都是专注的，绝不会由于自己有些本领，就轻易改换门庭。然而，有些初涉职场的年轻人，常常有几分傲气，如果再有较高的学历，比他人高一等的本领，傲气当然就更盛了。他们对工作的抱负太高，往往高不成低不就。基于这种心理，这些表面上看起来优秀的青年人，往往会对已有的工作感到不满，稍遇挫折或被老板或主管说几句，就兴起“拂袖而去”的念头。

大部分年青人不能清晰地意识到，自己手头的普通工作就是一座宝贵的钻石矿，只需好好挖掘——全力以赴、尽职尽责地做好目前所做的工作，就能找到属于自己的“钻石”——包括职位的上升和财富的增加。

两个以上的目标等于没有目标。没有任何东西能够代替一个专注的目的，教育不能，智慧不能，勤奋不能，意志的力量更不能。没有一个专注目标的人生，注定是一个失利的人生。

“瞧这儿，”一个农场主对他新来的帮手汤姆说，“你这种犁法是不行的，你都犁歪了，在这样曲折的犁沟中，玉米会长得很紊乱。你的眼睛盯住田地那边的某样东西，然后以它为目标，朝它前进。大门旁边的那头奶牛正好对着我们，现在把你的犁插入土地中，然后对准它，你就能犁出一条垂直的犁沟了。”

“好的，先生。”

10 分钟以后，当农场主回来时，他看见犁痕弯曲折曲地遍布整个田野。

“停住！停在那儿！”

“先生，”汤姆说，“我绝对是按照你告诉我的方法做的，我垂直地朝那头奶牛走去，可是她却老是在动。”

由于目标总是在变动，你就不得不在这个目标和那个目标之间疲于奔命，这是一种没有目的、缺乏头脑，而且非常蠢笨的工作方法。这种行事方法除了招致失利以外，还能带来什么呢？如果所有的尽力都集中在一个方向上，就足以取得巨大的成功。

年轻人在事业的开端有多个目标是很正常的。这好比罗盘指针在被磁化之前所指的方向是不确定的，只有在被磁石磁化而具有特殊属性之后，才成为罗盘。同样，一个人一开始能够确定不了自己的方向，在经过一段时间的摸索，他最终有必要确定一个自己发展的目标。如果确定的目标被证明是正确的，那就应该像卫星导航船一样，坚定不移地为目标而奋斗。也许在你朝着那些不切实际的目标前行的时候，你会猛然间发现，其实你向往已久的“宝藏”就在你家的“后院”！

从前有位名叫阿里·哈法德的波斯人，住在距离印度河不远的当地，他拥有大片的兰花花园、稻谷良田和繁盛的园林。他是一位知足而富有的人。有一天，一位年老的佛教僧侣前来拜访这位老农民，他坐在阿里·哈法德的火炉边，向这边老农民讲述钻石是如何构成的。最终，这位僧侣说：

“如果一个人拥有满满一手的钻石，他就能够买下整个国家的土地。要是他拥有一座钻石矿场，他就能够使用这笔巨额财富，把孩子送至王位。”

那天晚上上床时，阿里·哈法德变成了一个穷人——不是由于他失去了全部，而是由于他开始变得不满足。他想：“我要拥有一座钻石矿。”因此，他整夜难以人眠，第二天一大早就跑去问询那位僧侣在什么当地能够找到钻石。

“只需你能在高山之间找到一条河流，而这条河流是流淌在白沙之上的，那么，你就能够在白沙中找到钻石。”僧侣说。

所以他卖掉了农场去寻找钻石。

在人们看来，他寻找的方向是非常明确的，他先是前往月亮山区寻找，然后来到巴勒斯坦区域，接着又流浪到了欧洲，最终他身上带的钱悉数花光了，衣服又脏又破。

在旅途的最终一站，这位历经沧桑、痛苦万分的可怜人站在西班牙巴塞罗那海湾的岸边，怀揣着那位僧侣所激起的得到庞大财富的诱惑，投进了迎面而来的巨浪中，从此永沉海底。

几十年后的一天，当阿里·哈法德的承继人(承继并居住在阿里·哈法德的庄园)牵着他的骆驼到花园里去饮水时，他突然发现，在那浅浅的溪底白沙中闪烁着一道奇异的光芒，他伸手下去，摸起一块黑石头，石头上有一道闪亮的光芒，闪耀着彩虹般的美丽色彩。他把这块怪异的石头拿进屋里，放在壁炉的架子上，继续去忙他的工作，把这件事完全忘掉了。

几天后，那位曾经告诉阿里·哈法德钻石是如何构成的僧侣，前来拜访阿里.哈法德的承继人。当看到架子上的石头所宣布的光芒时，他立即奔上前去，惊奇地叫道:“这是一颗钻石!这是一颗钻石!阿里·哈法德回来了吗?”

“没有，还没有，阿里·哈法德还没回来。那块石头是在我家的后花园里发现的。”

“我只需看一眼，就知道它是钻石，”这位僧侣说，“这确实是一颗钻石!”

然后，他们一同奔向花园，用手捧起河底的白沙，发现了许多比第一颗更漂亮更有价值的钻石。

“如果一个年轻人在他的工作和生活中不能发现任何时机，而他认为自己能够在其他当地做得更好，那么他会感到非常的灰心失望。”这是闻名成功学家奥格森·马登给年青人的忠告。

其实，每一份工作都是一座宝贵的钻石矿。年轻人在展望未来的时候，不要浮躁，务必要认识到自己正拥有的全部。至少在转换工作之前，必定要尽力使自己专注于手中的具体工作，哪怕是看似普通的琐碎工作。

在专业化程度越来越高的现代社会，工作对个人的知识和经历不断提出了更高、更广、更深的要求。一个干事时总是摇摆不定、变来变去的人，只会将自己长时间堆集的职业经历和资源都舍弃了，无法强化自己的专业知识，无法构成自己的核心能力，也就无法超越他人。这样的人在社会上是没有立足之地的。

无论何种境遇，都让自己充满自信

刚刚进入工作岗位的职场新人，最珍贵的就是拥有不怕千难万险，通过自己的不懈努力迈向成功的信念。自信心会始终伴随你闯荡江湖，赢得天下的。

所以，你一定要对自己有足够的信心，即使你知道自己本领有限，也要表现出王者风范，别人才有可能把你当国王对待。

当今时代，对一个人的就业来讲，面试、笔试都是必不可少的过程。但一些同学往往由于缺少经验，对应聘缺乏信心，结果造成应聘失败甚至职业发展的失败。因此信心对一个人的成功是十分重要的。如果自己都不相信自己，别人更加不会相信你。因此如果你想成功，首先要拥有自信。因为自信心对一个人的成功起到积极的推动作用。同时也是成功的首要前提，拥有自信你就成功了一半。

自信是人类操纵自己命运的能手。拥有自信的人之所以心想事成、走向成功，是因为他们都有着巨大无比的潜能等着去开发；消极失败的人之所以会怯弱无能、走向失败，是因为他们自动放弃了潜能的开发。

有一年，一支英国探险队进入了撒哈拉沙漠的某个地区。在茫茫的沙漠里负重跋涉，阳光下，漫天飞舞的风沙像炒红的铁砂一般，扑打在探险队的脸上。

口渴似炙，心急如焚，大家的水都没有了。

这时，探险队长拿出一只水壶，说："这儿还有一壶水，但是穿越沙漠前，谁也不能喝。"

一壶水，成了穿越沙漠的信念源泉，成了求生的寄托目标。

水壶在队员手中传递，那沉甸甸的感觉使队员们濒临绝望的脸上，又显露出坚定的神色。

终于，探险队顽强地走出了沙漠，挣脱了死神之手。大家喜极而泣，用颤抖的手拧开那壶支撑他们精神和信念的水，但是缓缓流出来的，却是满满的一壶沙子！

这就是信念的力量。因此无论在就业应聘还是在今后的职业发展道路上都要有必胜的信念，只有这样，才能在职业发展上取得骄人的成就。

信心是比金钱、势力、家世、亲友更有用的条件。它是人生可靠的资本，能使人努力克服困难，排除障碍去争取胜利。对于事业的成功，它比什么东西都有效。

1900 年 7 月，德国精神病学专家林德曼独自驾着一叶小舟驶进了波涛汹涌的大西洋，他在进行一次历史上从未有过的心理学实验，他要验证一下自信的力量。

林德曼认为，一个人只要对自己有信心，就能保持精神和机体的健康。当时，德国举国上下都关注着独舟横渡大西洋的悲壮冒险，因为已经有 100 多位勇士相继驾舟均遭失败，无人生还。林德曼推断，这些遇难者并不是从生理上败下阵来的，而是死于精神崩溃、恐慌与绝望，所以他决定亲自驾舟，验证自己的推断。

在航行中，林德曼遇到了常人难以想象的困难，多次面临死亡，有时真有绝望之感。但只要绝望的念头一升起，他马上就大声自责：懦夫，你想重蹈覆辙，葬身海底吗？不，我一定能成功！在经历千辛万苦之后，终于，他胜利渡过了大西洋，成为第一位独舟横越大西洋的勇士。

从上面的故事可以看出，有信心的林德曼可以战胜困难，而没有信心的人却等不到同伴的水而自杀。

人的能力与意志有很大的关系。具有坚强的意志和足够的自信往往使得平凡的人能够成就神奇的事业，成就那些虽然天分高、能力强却疑虑过多的人所不敢尝试的事业。

成功的先决条件就是要有信心。许多人以为别人所有的种种幸福均是不属于自己的，以为自己是无法得到的，以为自己是不能与那些鸿运高照的人相提并论的。然而，他们不明白，这样地缺乏信心会大大削弱自己的生命力。

一个充满信心的职场新人不会畏惧任何困难的挑战，他们也是老板最赏识的员工。因为信心可以使他们完成那些看似不可能完成的任务，而不用老板事必躬亲。特别在老板不在的时候，他们对于公司的意义将更加明显，与那些缺乏自信、畏首畏尾的人比起来，他们才是公司的脊梁。

没有逆境，你永远不能成功

职场中流传着这样一句话：一个人如果从未破产过，那他只是个小人物；如果破产过一次，他很可能是个失败者；如果破产过三次，将是一个成功者。

逆境的经历是一个人值得骄傲的财富，因为从中可以积累丰富的经验。逆境，只是表示你在支付学费，你在学习不失败的方法。或者说，逆境在郑重地提醒你改换一下行为方式，通过新的选择开辟新的成功之路。

“我在这儿已经工作了30年，”一位员工向他的老板抱怨他没有升迁，“我比你提拔的许多人多了20年的经验。”

“不对，”老板说，“你只有一年的经验，你没有从自己的错误中学到任何教训，你仍在犯你第一年刚刚开始工作时的错误。”

这个员工的故事令人悲哀，怪不得30年还没有换过地方。他坚持一些小小的错误长达20年，竟然没有想到主动纠正它，从错误中走出来，老板提拔的人当然不会是他，而解雇的人则很可能就是他。

再让我们看看发明大师爱迪生如何对待错误吧。

“我们浪费了太多的时间，”一位年轻的助手对爱迪生说，“我们已经试了2万次了，仍然没找到可以做白炽灯丝的东西！”

“不！”这位天才回答，“我们已经知道有2万种东西不能当白炽灯丝。”

这种积极纠正错误，在逆境中不懈追求的精神，终于使爱迪生找到钨丝，发明了改变人类文明的电灯。

成功者会从逆境吸取到教训，获得经验，而失败者一再失败，却不能从其中获得任何有益的东西。

逆境能启发人潜伏着的内在力量，没有逆境，可能永远不会发现自己真正的力量和强项。一个人处在安逸舒适的生活中，没有什么后顾的忧虑和前进的动力。便不需要多少努力和奋斗，往往会变得平庸。当非常的变故压在一个人身上时，隐伏在他生命最深处的种种潜力，会突然涌现出来，甚至突破逆境创造出令人惊叹的成功。

为了补救身体上的缺陷，许多残疾人养成了可贵的品格。

曾经有一个英国人，一出生就没有手和脚，但却生活得非常幸福。有一个人因为好奇，特地去拜访他，看他怎么行动，怎么吃东西。谁知那个英国人智慧的思想、动人的谈吐，竟让那个拜访者听了十分惊异，完全忘了他是个残疾人。

另外还有一个四肢健全，大脑还算聪明的美国人，42 岁时仍一事无成。他觉得自己简直倒霉透了：离婚、破产、失业……他不知道自己生存的价值和人生的意义。他对自己非常不满，认为自己已经不可救药。

有一天，一个能预测未来的吉普赛人看过他的手相之后，对他说："您将是一个成功的商人，您将会很了不起！"

"什么？"他大吃一惊，"我将是一个成功的商人，你不是开玩笑吧？"

吉普赛人平静地说："您知道您是谁吗？"

"我是谁？"他暗想，"我是个倒霉鬼，是个穷光蛋，是个被生活抛弃的人！"

但他仍然故作镇静地问："我是谁呢？"

"您是伟人。"吉普赛人说，"您不知道吧，您是华盛顿转世！您身体流的血、您的勇气和智慧，都是华盛顿的啊！先生，难道您真的没有发觉，您的面貌也很像华盛顿吗？"

"不会吧……"他迟疑地说，"我离婚了……我破产了……我失业了……我几乎无家可归……"

"嗨，那是您的过去。"吉普赛人坚定地说，"您的未来可不得了！如果先生您不相信，就不用给钱好了。不过，五年后，您将是商业上非常成功的人啊！"

他非常怀疑地走开了，但心里却有一种从未有过的兴奋而伟大的感觉。渐渐地，他发现周围的环境开始改变了，朋友、家人、同事、老板，都换了另一种眼光、另一种表情对待他。事情开始一天天顺利起来。

后来，他才领悟到，其实一切都没有变，只是他自己变了：他的胆量、勇气、思维方式都在模仿华盛顿，就连走路说话都像，他有了信心，也有了能力。虽然吉普赛人为了几个小钱讨好他，但是他现在真的像华盛顿一样做事了。10 年以后，也就是在他 52 岁的时候，他成了亿万富翁，成为美国赫赫有名的成功人士。

逆境击倒的只是弱者，而巨人们却踩着逆境，一步步走向了成功。逆境给了人们认识自我的机会，有些人抓住这个机会勇敢面对逆境，学会了战胜逆境的经验和意志，而有些人则倒下了，没有再爬起来。

这就像一位哲人曾经说过的，"不经过艰苦就得不到成绩；不经过磨难，就得不到成功；不经过灾祸，就得不到成就。"面对逆境，需要的就是这种积极心态。

逆境就像摆在面前的一座山，也许并不很高，但也不可以忽视，你必须拿出真本事才能翻过去，职场中人由于事务的繁杂更容易忽略这一点，这往往成为他们的“滑铁卢”。所以，必须改变这一点，生命的脚本精彩与否全得靠自己去写。